Andrea Varga

Dein Leben, sein Meisterwerk

Dankbar staunen, wie wunderbar Gott unser Leben formt

Andrea Varga

Dein Leben, sein Meisterwerk

Dankbar staunen, wie wunderbar Gott unser Leben formt

SCM
R.Brockhaus

SCM
Stiftung Christliche Medien

SCM R.Brockhaus ist ein Imprint der SCM Verlagsgruppe,
die zur Stiftung Christliche Medien gehört, einer gemeinnützigen
Stiftung, bdie sich für die Förderung und Verbreitung christlicher
Bücher, Zeitschriften, Filme und Musik einsetzt.

© 2023 SCM R.Brockhaus in der SCM Verlagsgruppe GmbH
Max-Eyth-Str. 41 · 71088 Holzgerlingen
Internet: www.scm-brockhaus.de · E-Mail: info@scm-brockhaus.de

Soweit nicht anders angegeben, sind die Bibelverse
folgender Ausgabe entnommen:
Neues Leben. Die Bibel, © der deutschen Ausgabe 2002 und 2006
SCM R.Brockhaus in der SCM Verlagsgruppe GmbH,
Holzgerlingen.
Weiter wurden verwendet:
Elberfelder Bibel 2006, © 2006 SCM R.Brockhaus in der
SCM Verlagsgruppe GmbH, Holzgerlingen (ELB).
Bibeltext der Neuen Genfer Übersetzung, Copyright © 2011
Genfer Bibelgesellschaft, Wiedergegeben mit freundlicher
Genehmigung. Alle Rechte vorbehalten (NGÜ).

Lektorat: Julia Perrot
Gesamtgestaltung und Illustrationen: Erik Pabst, www.erikpabst.de
Autorenfoto: © Steffen Meissner
Druck und Bindung: Dimograf Sp. z o.o.
Gedruckt in Polen
ISBN 978-3-417-00057-3
Bestell-Nr. 227.000.057

Inhalt

Einleitung
Der Töpfer

Ich muss ungefähr acht Jahre alt gewesen sein, als ich das erste Mal einem Töpfer bei seiner Arbeit an der Drehscheibe zuschaute. Diese Begegnung hat mich tief beeindruckt. Noch heute kann ich ihn vor meinem inneren Auge sehen.

Es war ein weißhaariger Mann. Er saß ruhig da, leicht vornübergebeugt, und seine Hände umschlossen einen Klumpen Ton, der sich vor ihm auf einer Töpferscheibe drehte. Wie von selbst wuchs der Tonklumpen zwischen seinen Händen nach oben, bevor der Töpfer ihn mit einer Hand wieder nach unten drückte. Ich schaute aufmerksam zu, wie er diesen Schritt einige Male wiederholte. Als er dann seinen Daumen in den Ton drückte, entstand eine große Öffnung. Ich war wie gebannt, als der Rand der Öffnung erst breiter und dann höher und dünner wurde. Der Töpfer legte nun seine Hände wie schützend um das Gefäß, woraufhin es in der Mitte schmaler wurde. Schließlich legten sich seine Finger fast zärtlich um den oberen Rand und dann hob er seine Hände ab. Er stoppte die Scheibe. Vor ihm stand eine wunderschöne Vase. Ich staunte. Sollte es so einfach sein, etwas so Schönes zu schaffen?

Heute bin ich Mitte fünfzig und töpfere selbst. Die Arbeit an der Drehscheibe hat für mich kaum an Faszination verloren. Im Gegenteil. Inzwischen weiß ich, wie viel Übung es braucht, um eine Vase zu erschaffen, und wie viele Schritte nötig sind, um sie stabil und haltbar zu machen.

Was hat das mit meinem und deinem Leben zu tun?

Ich bin davon überzeugt, dass unser Leben bedeutungsvoll ist, für Gott und für die Menschen, die uns lieben. Doch leider vergleiche ich selbst mich oft mit anderen, was dazu führt, dass ich vergesse, meine Gaben und meine Einzigartigkeit zu leben und zu entfalten. Es hält mich davon ab, ich selbst zu sein – und damit geht das Potenzial verloren, das Gott in mich hineingelegt hat. Denn ich bin nicht einfach nur ein Mensch unter vielen. Ich bin keine Kopie. Kein Zufallsprodukt. Sondern ein vom Meistertöpfer meisterhaft erdachtes Gefäß – wie die eben beschriebene Vase. So sorgsam wie ein Töpfer, der ein neues Gefäß erschafft, hat Gott auch mich konzipiert.

Und das gilt für mein ganzes Leben – meine Persönlichkeit sowie meine Geschichte. Beide sind Teil von Gottes Plan und in beiden kann ich seine Spuren entdecken. Vieles, was mir sinnlos erscheint oder mich in meinen Augen disqualifiziert, ist aus Gottes Perspektive genau richtig. Und das gilt auch für dich.

> **Vieles, was mich in meinen Augen disqualifiziert, ist aus Gottes Perspektive genau richtig.**

Deshalb möchte ich dich mit diesem Buch ermutigen, mehr und mehr das Gefäß zu sein, das dein Meistertöpfer sich ausgedacht hat. Ich will dich einladen, dich daran zu freuen, mit welcher Weisheit er dich erschaffen hat und mit welcher Güte er dein Leben führt – durch Höhen und Tiefen hindurch. Wenn wir das erkennen, führt uns das in eine neue Freiheit, wir selbst zu sein, und wir erspüren mehr und mehr Gottes ganz persönliche Liebe für uns.

Denn wer sich geliebt weiß, der kann auch andere lieben. Und genau das macht unser Leben lebendig, sinnvoll und segensreich – unabhängig davon, was wir tun und wo wir leben. Jeder Schritt im Vertrauen, jeder Akt der Liebe, jedes freundliche Wort hinterlässt Spuren. Das sehen wir auch am Leben Jesu. Wo ich meinen Mitmenschen mit Fürsorge und Ermutigung begegne und Samen der Hoffnung säe, verändere ich ihre Welt. Wo ich ehrlich mit meinen Fehlern umgehe und aus der Vergebung lebe, schenke ich anderen die Freiheit, dasselbe zu tun.

Wenn ich geliebt habe, habe ich bedeutungsvoll gelebt, auch wenn mein Name völlig unbekannt bleibt. Könnte es so einfach sein, ein bedeutungsvolles Leben zu leben?

Je mehr du das Herz Gottes erlebst und seine guten Pläne für dich entdeckst, desto fähiger wirst du, andere zu lieben. Und so wird dein Leben bedeutungsvoll. Es ist es bereits. Die amerikanische Autorin Pam Spinosi formuliert:

>> *Gott hat unendliche Möglichkeiten, das Leben eines Menschen zu gebrauchen, der sich ihm völlig hingibt. Er beruft uns, führt uns und bereitet uns vor. Keiner könnte diesen Weg je besser planen, als Gott*

es tut. Wir entdecken unsere Bestimmung selten in nur einem Moment und erreichen sie selten in nur einem Schritt. Vielmehr ist sie ein erstaunliches Verwobensein unseres Wesens, unserer Wege und unserer Ziele. Falls dein Leben dem meinen auch nur im Entferntesten ähnelt, wird es durchdrungen sein von Umwegen und Biegungen. Einige davon sind von Gott selbst initiiert, andere nutzt er auf wundersame Weise, um seine Pläne mit uns zu erfüllen. Mache ihn zum Herrn über dein ganzes Leben. Vertraue seinem Ruf, achte auf die Wegweiser und verliere deinen Glauben nicht. Er bereitet dich für jeden neuen Schritt und für jede neue Verantwortung vor.[1]

Ist mein Leben bedeutungsvoll?

Mein Mann und ich haben vier eigene Kinder großgezogen. Mittlerweile sind alle erwachsen. Sie leben ihr eigenes Leben, an verschiedenen Orten und in unterschiedlichen Ländern. Als ich mich damals dafür entschied, Hausfrau und Mutter zu sein, ahnte ich nicht, wie herausfordernd diese schöne Aufgabe sein würde. Am Ende eines langen Tages fragte ich mich oft, womit ich die Stunden verbracht hatte. Immer wieder kam die Frage auf: Schaffe ich etwas Bleibendes und Sinnvolles?

Bis heute beschäftigt mich diese Frage. Denn auf den ersten Blick erscheint mein Leben unspektakulär. Als Hausfrau ähneln die Tage einander sehr. Ich habe bis heute ungelebte Träume, doch lässt mir mein Alltag wenig Zeit, darüber nachzudenken. Und so würden weder mein Leben noch mein Zuhause viele Likes auf Instagram ernten. Ich lebe ein eher schlichtes Leben.

Für dieses Leben bin ich dankbar, ohne Frage. Trotzdem überlege ich manchmal, wer mich überhaupt sieht. Interessiert es jemanden, wer ich bin und wofür ich meine Zeit, Kraft und Liebe investiere? Liegen die besten Tage schon hinter mir? Habe ich etwas verpasst? Ist mein Leben bedeutungsvoll – so wie es ist? Denn immer, wenn ich von Menschen lese, die diese Welt zu einem besseren Ort gemacht haben, sehne ich mich danach, selbst so ein scheinbar bedeutsameres Leben zu führen.

Vielleicht findest auch du dich in diesen Fragen wieder. Könnte es dann sein, dass wir einen Blick von oben brauchen? Denn Gott hat eine andere Perspektive auf unser Leben. Er sieht das ganze Bild. Er bewertet mein und dein Leben anders, als diese Welt es tut. Für ihn ist es bedeutungsvoll.

Das sehe ich in der Bibel. Die Bibel ist für mich mehr als ein Buch. Ich mag nicht nur ihre Geschichten von Menschen, die ganze Völker retteten, wie Josef oder Esther, und die doch ganz normal waren. Sondern ich liebe die Bibel auch, weil sie mir das Herz und das Wesen Gottes offenbart. In ihr finde ich Antworten für mein Leben. Denn sie zeigt mir, dass Gott jeden Menschen einzigartig erschaffen hat: »Du hast alles in mir geschaffen und hast mich im Leib meiner Mutter geformt« (Psalm 139,13).

Für Gott ist ein Leben ungleich wertvoller als ein Tongefäß. Mein und dein Leben sind schon deshalb bedeutungsvoll, weil er uns kunstvoll und einzigartig erdacht hat. Weil wir gewollt und von ihm geliebt sind – lange bevor wir etwas leisten. Gleichzeitig macht mir die Bibel deutlich, dass jeder Tag, jeder Moment und jede Entscheidung unseres Lebens bedeutungsvoll sind – denn sie prägen, wer wir morgen sein werden.

> **Gott hat eine andere Perspektive auf unser Leben. Er sieht das ganze Bild.**

»Jeder Tag meines Lebens war in deinem Buch geschrieben. Jeder Augenblick stand fest, noch bevor der erste Tag begann« (Psalm 139,16).

So sieht Gott mein, so sieht Gott dein Leben. Es ist für ihn bedeutungsvoll. Schon hier und heute. Deine Persönlichkeit, deine Geschichte, selbst die Herausforderungen deines Alltags – alles, was dich ausmacht, ist von deinem Schöpfer erdacht. Er freut sich an dir. Du bist sein Meisterwerk.

Ich nehme dich mit auf eine Reise. Ich erzähle dir von den Wahrheiten, die ich in der Bibel gefunden habe, und lasse dich an meinem Leben teilhaben. Die Kapitel sind so aufgebaut, dass du die verschiedenen Arbeitsschritte des Töpfers kennenlernst. Von der Idee bis zum fertigen Werk.

Als ich vor einigen Jahren das Töpfern an der Drehscheibe erlernte, fiel mir auf, wie sehr die dortigen Abläufe unseren Lebensphasen ähneln. Von der Planung bis zum Glasurbrand ist es ein langer Weg und jeder Arbeitsschritt ist wichtig – wie in unserem Leben. Daher ist das Buch anhand dieser Schritte aufgebaut und von vielen persönlichen Beispielen durchzogen. Falls dich ein Thema gerade besonders anspricht, kannst du selbstverständlich auch damit anfangen.

> **Egal, in welcher Phase des Lebens du gerade steckst: Gott ist am Werk.**

In jedes Kapitel habe ich praktische Übungen eingebaut. Ich würde mich freuen, wenn du dich darauf einlässt. Schon kleine Schritte können unsere Perspektive verändern. Und darum geht es. Du kannst den Platz im Buch nutzen oder aber in ein anderes Buch schreiben. Egal wo – halte fest, was Gott dir zeigt. Am Ende jedes Kapitels findest du ein Gebet. Es ist jeweils als Einladung gedacht, deinen Vater im Himmel bewusst in deinen Prozess mithineinzunehmen.

Ich bete, dass dieses Buch dich begleitet, dir Mut macht. Egal, in welcher Phase des Lebens du gerade steckst: Gott ist am Werk. Er ist mittendrin. Der Meistertöpfer hat Hand an dich gelegt. Überlass dich seinen liebevollen Händen und erlaube ihm, dich zu formen. Denn jeder Aspekt und jede Phase deines Lebens ist bedeutungsvoll. Und nichts kann dich disqualifizieren. Weder deine Herkunft noch deine Persönlichkeit oder deine Biografie. Sie sind Teil eines guten Weges. Und dieses Buch soll dir dabei helfen, die schönen Seiten zu feiern und dich mit den schmerzvollen zu versöhnen.

Nun wünsche ich dir viel Freude. Mögest du entdecken, was für ein Meisterwerk du bist!

Eins
Die Planung

Deine Persönlichkeit ist bedeutungsvoll.

Ich danke dir, dass du mich so herrlich und ausgezeichnet gemacht hast!

Psalm 139,14

Wünschst du dir auch manchmal, du wärst anders? Sanftmütiger oder mutiger? Offener oder stiller? Fleißiger oder entspannter? Normaler? Einfach anders?

Ich kenne diesen Wunsch sehr gut. Schon früh habe ich gemerkt, wie oft ich die Erwartungen anderer nicht erfülle. Und als ich älter wurde, wurde es nicht besser. Dabei bemühte ich mich wirklich. Am schlimmsten war es, wenn ich hinter meinen eigenen Erwartungen zurückblieb. Diese sich wiederholenden Erfahrungen entmutigten mich. Ich war mir sicher, sie würden mich disqualifizieren und aus der Gemeinschaft der wertvollen Menschen ausschließen. Das war nur eine Frage der Zeit. Ich liebte daher Neuanfänge. An einem neuen Ort mit neuen Menschen hatte ich die Chance, mich als diejenige zu präsentieren, die von allen geliebt werden würde. Doch leider nahm ich mich überallhin mit. Diese Erkenntnis war zutiefst frustrierend.

Einer dieser Momente war ein Sonntagmorgen im Jahr 2010. Mein Mann und ich waren erst vor einem Jahr Teil einer neuen Gemeinde geworden. Da es mir leichtfällt, mit Menschen ins Gespräch zu kommen, schloss ich mich dem Begrüßungsteam an. Unsere Aufgabe war es, an den Türen zu stehen und die Kommenden willkommen zu heißen. Ich machte für mich ein Spiel daraus. Woche für Woche lernte ich neue Namen und versuchte, sie mir zu merken. Dazu schrieb ich sie in ein Büchlein und ergänzte sie mit wichtigen Hinweisen, die ich mir merken wollte, um die Menschen beim nächsten Mal wiederzuerkennen. Außerdem luden wir fast jeden Sonntag Menschen zu uns nach Hause ein. Nach und nach wurden aus manchen Begegnungen Freundschaften.

Mit einer Gruppe von jungen Leuten trafen wir uns gerne und regelmäßig. Ich stand also an diesem Sonntag an meinem Platz am Eingang, als ich einen von ihnen kommen sah. Es war ein junger Mann Anfang zwanzig, der in diesem Jahr seinen Bundesfreiwilligendienst in unserer Gemeinde absolvierte. Seine Eltern und Geschwister lebten zwei Stunden Autofahrt entfernt. Als ich ihn kommen sah, war er nicht allein. Ich erinnerte mich, dass er davon erzählt hatte, dass seine Familie an diesem Wochenende zu Besuch kommen würde. Ich freute mich so, ihn zu sehen und seine Familie kennenzulernen, dass ich, ohne nachzudenken, auf die kleine Gruppe zustürmte. Mit weit ausgebreiteten Armen rief ich laut seinen Namen und umarmte seine überraschten Eltern und Geschwister leidenschaftlich.

Da erst wurden mir die amüsierten Gesichter der Umstehenden bewusst. Ich schämte mich. Ich musste diese Menschen völlig überrumpelt haben, auch wenn sie sich nichts anmerken ließen. Peinlich berührt ging ich zurück an meinen Platz bei der Tür. Ich nahm mir vor, mich nach dem Gottesdienst bei ihnen zu entschuldigen. Wie sich später herausstellte, hatten sie meinen »Überfall« durchaus positiv erlebt. »Wir sind noch nie so freundlich begrüßt worden«, beteuerte die Mutter. Trotzdem blieb mein schlechtes Gewissen. Warum nur war ich immer so ungestüm?

Ebenbild des Schöpfers

Kennst du dieses Gefühl, dich nicht angemessen verhalten zu haben? Peinlich zu sein? Menschen zu überfordern oder in ihrer Gegenwart nicht aus dir herauszukommen? Und hast du dich schon mal gefragt, ob Gott dich genauso gebrauchen kann – oder ob er ebenfalls mit den Augen rollt und sich fragt, wann du endlich so sein wirst, wie er dich haben will?

Im ersten Kapitel der Bibel lesen wir, wie Gott die Menschen in seinem Bild erschafft und ihnen dann seine Wertschätzung schenkt, indem er ihnen eine Aufgabe und Verantwortung gibt. Am Ende des Schöpfungstages ist er dann nicht nur zufrieden mit seinem Werk, sondern äußerst erfreut.

>> *Da sprach Gott: »Wir wollen Menschen schaffen nach unserem Bild, die uns ähnlich sind. Sie sollen über die Fische im Meer, die Vögel am Himmel, über alles Vieh, die wilden Tiere und über alle Kriechtiere herrschen.« So schuf Gott die Menschen nach seinem Bild, nach dem Bild Gottes schuf er sie, als Mann und Frau schuf er sie. Und Gott segnete sie und gab ihnen den Auftrag: »Seid fruchtbar und vermehrt euch, bevölkert die Erde und nehmt sie in Besitz. Herrscht über die Fische im Meer, die Vögel in der Luft und über alle Tiere auf der Erde.« ... Und Gott sah an alles, was er gemacht hatte, und siehe, es war sehr gut.*

1. Mose 1,26-28.31

Was bedeutet es, dass wir Menschen Gott ähnlich sind? Betrifft das nur Adam und Eva oder gilt das auch für dich und mich heute? Und wenn Letzteres, worin sind wir ihm dann ähnlich?

Gott hat uns Aufgaben anvertraut und uns mit seinen Gaben befähigt. Wir können Verantwortung übernehmen. Bereits darin ähneln wir ihm. Wir sind kreativ, haben eigene Ideen, Wünsche und Ziele. Können Ordnung schaffen und Lebensräume ermöglichen. Und wir Menschen lieben es, Dinge wachsen zu sehen und Frucht zu ernten. Genauso wie unser Vater im Himmel.

Also ja, du bist Gott ähnlich. In allen diesen Punkten. Und er schenkt dir und mir Vertrauen. Gott übergibt uns seine neue Erde, schenkt uns Raum, sie zu bebauen und zu bewahren. Wir dürfen unsere Ideen in großer Freiheit umsetzen und uns ausbreiten. Das heißt für mich: Gott traut uns, traut dir Gutes zu. Und er begegnet uns auf Augenhöhe: Er hat uns so erschaffen, dass er mit uns kommunizieren kann. In seinem Bild geschaffen zu sein bedeutet, Gott ein Gegenüber zu sein. Damit gibt Gott uns Würde und das macht jeden von uns wertvoll und wichtig.

Wenn ich die Erzählung von der Schöpfung lese, erkenne ich noch etwas anderes: Wir sind Gott nicht nur ähnlich und schon deshalb unendlich wertvoll. Wir sind auch einzigartig. Das zeigt uns die Schöpfung und weist uns damit auf sein Wesen hin: Es gibt nicht nur eine Blumensorte, sondern unzählige. Manche Blumensorten, Dahlien zum Beispiel, gibt es in vielen verschiedenen Farben und Blütenformen. Ist das nicht ein deutlicher Hinweis darauf, dass Gott großzügig ist und sich an Unterschiedlichkeit erfreut? Wenn Gott sogar Schneeflocken einzigartig macht, warum lasse ich mich dann immer wieder entmutigen, anstatt mich an meiner Originalität zu freuen?

Die Schöpfungsgeschichte zeigt: Gott traut uns Gutes zu!

Könnte es daher sein, dass auch ich mit meiner Persönlichkeit das Wesen Gottes offenbare? Und wie frei würde ich leben, wenn ich das wirklich verinnerlicht hätte? Wenn ich wüsste, dass Gott mich genauso gemacht hat, wie er es wollte?

Für mich war es lange schwer, meine Stärken zu erkennen. Meistens habe ich nur meine Schwächen vor Augen gehabt und war damit beschäftigt, sie – und so mich selbst – zu verstecken. Es war Angst vor Ablehnung, weil ich nicht so bin wie andere. Ist das nicht traurig? Leider bin ich nicht allein mit dieser Angst. Im dritten Kapitel der Bibel lesen wir vom sogenannten Sündenfall. Wie kam es dazu und was hat diese Story mit mir und dir zu tun?

>> *Die Schlange war das listigste von allen Tieren, die Gott, der Herr, erschaffen hatte. »Hat Gott wirklich gesagt«, fragte sie die Frau, »dass ihr keine Früchte von den Bäumen des Gartens essen dürft?«*

»Selbstverständlich dürfen wir sie essen«, entgegnete die Frau der Schlange. »Nur über die Früchte vom Baum in der Mitte des Gartens hat Gott gesagt: ›Esst sie nicht, ja berührt sie nicht einmal, sonst werdet ihr sterben.‹« »Ihr werdet nicht sterben!«, zischte die Schlange. »Gott weiß, dass eure Augen geöffnet werden, wenn ihr davon esst. Ihr werdet sein wie Gott und das Gute vom Bösen unterscheiden können.«

1. Mose 3,1-5

Die ersten Menschen leben in einem paradiesischen Garten. Sie haben alles, was sie brauchen, und erleben Freiheit und Gemeinschaft. Obwohl es ihnen an nichts fehlt, sät die Frage der Schlange Zweifel in Evas Herz. Zweifel an der Güte Gottes und Zweifel an ihrer Identität: »Gott weiß, dass eure Augen geöffnet werden, wenn ihr davon esst. Ihr werdet sein wie Gott.« Was für eine Lüge! Waren Adam und Eva nicht bereits von Anfang an im Bilde Gottes geschaffen worden? Der Zweifel bringt sie dazu, Gott zu misstrauen. Mit dem Misstrauen kommt der Ungehorsam:

⟫ *Die Frau sah: Die Früchte waren so frisch, lecker und verlockend – und sie würden sie klug machen! Also nahm sie eine Frucht, biss hinein und gab auch ihrem Mann davon. Da aß auch er von der Frucht. In diesem Augenblick wurden den beiden die Augen geöffnet und sie bemerkten auf einmal, dass sie nackt waren. Deshalb flochten sie Feigenblätter zusammen und machten sich Lendenschurze.*

1. Mose 3,6-7

Der Drang, mich zu verbergen

Als Adam und Eva von der verbotenen Frucht essen, werden ihre Augen geöffnet. Was sie sehen, ist nicht mehr ihre Ähnlichkeit mit dem Schöpfer, sondern ihre – gottgewollte – Unterschiedlichkeit. Und als sie ihre Unterschiedlichkeit erkennen, verstecken sie sich. Zuerst voreinander und dann vor Gott. Bis heute ist das so: Anstatt uns mit Gott an unserer Verschiedenartigkeit zu freuen, verbergen wir sie.

> *Gibt es Wesenszüge deiner Persönlichkeit, die du verbirgst, weil du glaubst, sie seien ungenügend – vor allem im Vergleich mit anderen?*

In meinem Leben war es die Überschwänglichkeit. Wie oft hatte ich gehört: »Sei doch bitte ruhiger. Sei doch mal normal. Du erstickst die Menschen mit deiner Liebe.« So viele Male hatte ich es versucht. Und war erfolglos geblieben.

Am Morgen nach diesem Sonntag in der Gemeinde, von dem ich zu Beginn des Kapitels erzählt habe, war ich wirklich verzweifelt. Daher bat ich Gott um Vergebung für meine stürmische Art und gelobte, mich zu bessern. Ich würde es schon schaffen, anders zu werden. Ich würde ruhig und sanftmütig werden. Und unter sanftmütig verstand ich vor allem: zurückhaltend und still. Das war meine Vorstellung von Richtig.

Wie ich da an meinem Schreibtisch saß und mir die Tränen über die Wangen liefen, hatte ich einen Geistesblitz: »Lies Lukas 15.« Der Gedanke irritierte mich. Stand da nicht die Geschichte vom verlorenen Sohn? Was hatte das mit mir zu tun? Wie auch immer, ich bekam den Gedanken nicht aus dem Kopf. Könnte das der Heilige Geist gewesen sein? Skeptisch öffnete ich meine Bibel.

Jesus erzählt hier die Geschichte von einem Sohn, der sich sein Erbe vorzeitig ausbezahlen lässt. Eine ziemlich respektlose Bitte, die sein Vater ihm jedoch gewährt. Aber der junge Mann hat nicht etwa eine Geschäftsidee. Vielmehr verabschiedet er sich von seinem Elternhaus, um die Welt zu entdecken. Er will Spaß haben. Frei sein. Doch das Leben spielt ihm übel mit. Er landet ganz unten. Am tiefsten Punkt in seinem Leben besinnt er sich dann darauf, dass sein Vater ein guter Arbeitgeber ist, und beschließt, sich mit einer Entschuldigung auf den Weg nach Hause zu machen.

Die Geschichte ist eine wunderbare Erzählung über die Güte Gottes. Sie war mir vertraut, aber an diesem Tag las ich sie ganz neu – und kam zu der Stelle, an der der Vater, der offenbar nach seinem Sohn Ausschau gehalten hatte, diesen erblickt:

>> *Er war noch weit entfernt, als sein Vater ihn kommen sah. Voller Liebe und Mitleid lief er seinem Sohn entgegen, schloss ihn in die Arme und küsste ihn.*

Lukas 15,20

Als ich las, mit welcher Überschwänglichkeit der Vater auf seinen Sohn zulief, schossen mir die Tränen in die Augen. Die Worte trafen mein Herz, denn in diesem Moment sah ich nur eins: Der Vater ist wie ich! Leidenschaftlich, stürmisch und überschwänglich. An diesem Tag erkannte ich zum ersten Mal, dass ich Gott ähnlich bin. Sogar in einem Bereich, den ich für eine Schwäche hielt. Ich begriff, was Gott mir damit sagen wollte: »Ich liebe deine Überschwänglichkeit. Sie spiegelt meine eigene wider. Ich liebe deine Leidenschaft für Menschen. Ich selbst habe sie in dein Wesen gepflanzt. Wenn du Menschen so rückhaltlos liebst, wie du es tust, erleben sie meine Liebe für sie.«

Diese Entdeckung hat etwas in mir zur Ruhe gebracht. In den folgenden Monaten entdeckte ich immer wieder Stellen in der Bibel, die Gott von dieser Seite zeigten. Damit begann ein Weg der Versöhnung. Ich freundete mich mit mir selbst an.

Lass dich dazu einladen, dein Wesen mit neuen Augen zu betrachten – mit Gottes Augen. Wie würdest du dich fühlen, wenn du erkennen würdest, dass auch du das Wesen Gottes widerspiegelst, vielleicht sogar mit einer der Eigenschaften, die dir Mühe machen? Wie wäre es, wenn du dich mit Gott daran freust, wie er dich geschaffen hat?

Liebevoll geplant

Genauso wie es die unterschiedlichsten Arten von Tonmischungen für die verschiedenen Gefäße gibt, gibt es auch ganz unterschiedliche Persönlichkeiten bei uns Menschen. Nicht jede ist für jede Aufgabe gleich gut geeignet. Liebst du Zahlen? Kannst du gut zuhören? Bist du anpassungsfähig? Arbeitest du gerne im Verborgenen oder läufst du erst vor Publikum zu deiner Bestform auf? Deine Persönlichkeit wird zu deiner Aufgabe passen.

Mein Vater im Himmel spricht viel freundlicher mit mir, als ich es erwarte.

Und wenn sich schon ein Töpfer so viele Gedanken macht, um ein vergängliches Gefäß zu erschaffen, wie viel mehr Gedanken muss Gott sich dann machen! Er hat meine einzigartige Persönlichkeit vor Augen. Er sieht mich. Er liebt mich. Er freut sich an mir. Diese Wahrheit, diese göttliche Wertschätzung hat mich befreit und mir einen tiefen Frieden geschenkt. Ich will mich nicht mehr verbiegen oder verstecken. Der Meistertöpfer hat Wesenszüge seines Charakters in meine Persönlichkeit gelegt. Das ist ein unglaubliches Vorrecht.

Lange konnte ich Gottes Reden im Alltag kaum wahrnehmen. Immer wenn ich mir die Zeit nahm, zur Ruhe zu kommen, hörte ich eine Stimme, die mich an meine Schwächen, mein Versagen und an die ungemachten Aufgaben erinnerte. Das wollte ich aber gar nicht hören. War das tatsächlich Gottes Reden? Heute weiß ich: Mein Vater im Himmel spricht viel freundlicher mit mir, als ich es erwarte. Oft höre ich also deshalb sein Reden nicht, weil ich mit einem Anpfiff rechne. Ich höre es nicht, weil Gott anders spricht. Seine Worte sind liebevoll, wertschätzend und ermutigend, selbst wenn er mich ermahnen muss.

Ich glaube, dass die Bibel das Wort Gottes ist. Wenn ich darin lese, suche ich nach seinem Wesen und entdecke an vielen Stellen sein freundliches Herz. Zum Beispiel in Versen wie den folgenden. Sie zeigen mir, dass Gott sich an mir freut, und erwecken in mir die Sehnsucht, ihm mein ganzes Leben anzuvertrauen.

Die Planung

Bevor der Töpfer[21] mit einem neuen Werk beginnen kann, muss er sich Gedanken darüber machen, welchen Zweck sein Werk erfüllen soll. Er wird sich zum Beispiel überlegen, wie groß es werden und welche Form es haben soll. Seine Überlegungen wirken sich auf das Material und die Menge des Tons aus.

Denn Ton ist nicht gleich Ton. Für eine Tasse wählt er geschmeidigen Ton, der sich leicht drehen lässt. Ein Krug hingegen braucht deutlich mehr Stabilität, er nimmt in dem Fall einen Ton mit Schamotte – einem Zusatz von gebranntem, zerkleinerten Ton. Der sorgt dafür, dass das Gefäß seine Form behält und weniger schrumpft. Eine Dekoschale für Kekse sieht auch mit grobem Ton sehr gut aus. Für eine feine Vase könnte der Töpfer Porzellan verarbeiten, das sehr dünn gedreht werden kann.

Der Zweck bestimmt, welches Rohmaterial benutzt wird. Denn Ton kann sehr vielfältige Eigenschaften haben.

>> *Du bist es ja auch, der meinen Körper und meine Seele erschaffen hat, kunstvoll hast du mich gebildet im Leib meiner Mutter. Ich danke dir dafür, dass ich so wunderbar erschaffen bin, es erfüllt mich mit Ehrfurcht. Ja, das habe ich erkannt: Deine Werke sind wunderbar! Dir war ich nicht verborgen, als ich Gestalt annahm, als ich im Dunkeln erschaffen wurde, kunstvoll gebildet im tiefen Schoß der Erde. Deine Augen sahen mich schon, als mein Leben im Leib meiner Mutter entstand.*

Psalm 139,13-16; NGÜ

Ganz gleich, was Menschen sagen: Mein Wesen ist liebevoll erdacht und geschaffen. Ich bin kein Zufall. Wie ich als geliebte Tochter Gottes denke, liebe, lebe, macht einen Unterschied. Am wirkungsvollsten bin ich daher, wenn ich mit mir selbst versöhnt bin. Wenn ich die bin, die ich bin, bringe ich Licht in die Welt – denn: Allein die Tatsache, dass du lebst, beweist, dass du etwas hast, was diese Welt braucht.

Am wirkungsvollsten bin ich, wenn ich mit mir selbst versöhnt bin.

Glaubst du, dass Gott sich an dir freut? Du bist ein Kunstwerk, von Meisterhand erschaffen. Deshalb brauchst du nicht mehr zu versuchen, an dem von Gott erschaffenen Original herumzumalen, in der Hoffnung, es zu verbessern. Denn der Einzige, der einen echten Rembrandt verbessern könnte, wäre Rembrandt selbst.

Wenn du bereit bist, deinen Blick auf dich selbst zu verändern und Gottes Perspektive einzunehmen, lade ich dich zu einer ersten praktischen Übung ein – zu einem kleinen, aber sehr wirkungsvollen Schritt.

Jetzt wird's praktisch

Trage hier eine deiner Schwächen ein. Zum Beispiel: »Ich bin oft unpünktlich.«

....

....

....

....

Auf den ersten Blick ist das eine Schwäche. Nimm dir jetzt einen Moment Zeit, um zu überlegen, welche Gründe es dafür gibt und was dahintersteckt. In meinem Beispiel könnte das sein: »Ich nehme mir zu viel vor«, »Ich plane zu wenig« oder »Mir kommen immer wieder Menschen dazwischen«.

Schreibe deine Antworten hier auf:

....

....

....

....

....

Jetzt lade ich dich dazu ein, nun die Perspektive zu wechseln. Ich mache es dir an meinen Beispielen vor:

1. »Ich bin oft unpünktlich, weil ich mir zu viel vornehme.« Nach einem Perspektivwechsel könnte hier stehen: »Ich scheue mich nicht vor Arbeit. Ich übernehme Verantwortung. Ich bin stark.«

2. »Ich bin oft unpünktlich, weil ich zu wenig plane.« Stattdessen könnte man formulieren: »Ich bin flexibel, spontan und kreativ.«

3. »Ich bin oft unpünktlich, weil mir immer wieder Menschen dazwischenkommen.« Vielleicht sieht es aus Gottes Blickwinkel ja so aus: »Ich kann präsent sein. Ich nehme mir Zeit für mein Gegenüber. Ich lebe im Hier und Jetzt.«

Merkst du, was ich meine? Es geht mir nicht darum, Schwächen schönzureden. Sondern darum, ein größeres Bild von ihnen zu bekommen. Einen Perspektivwechsel zu vollziehen. Lade Gott daher jetzt ganz bewusst ein, zu dir zu sprechen. Bitte ihn darum, dir zu zeigen, wie er dich sieht, und formuliere deine oben aufgeschriebenen Sätze um. Auch wenn du vielleicht wenig Erfahrung damit hast. Erwarte freundliche Worte – denn das kann ein Schlüssel dazu sein, seine Stimme wahrzunehmen.

Kommt dir ein simpler oder vielleicht auch erst mal ungewöhnlicher Gedanke? Schreibe ihn auf. Fällt dir ein Bibelvers ein? Notiere ihn. Hörst du gerade Musik? Es könnte sein, dass Gott durch den Liedtext zu dir spricht. Fällt dein Blick auf einen Gegenstand in deiner Nähe? Schreibe auf, welche Bedeutung er für dich hat.

Gott hat viele Möglichkeiten. Öffne dein Herz.

Hier ein Gebetsvorschlag, du kannst aber gerne auch eigene Worte finden.

Vater im Himmel,
du bist allmächtig und weise. Du liebst uns Menschen und hast mich
kunstvoll erschaffen. Du kennst mich. Wie siehst du die folgende
Eigenschaft von mir?

....

....

Bitte lass mich deine Perspektive erkennen.
Amen.

Schreibe jetzt auf, was dir einfällt.

....

....

....

....

Der Schöpfer liebt die Vielfalt und jeden einzelnen Menschen. Er hat dich mit Gaben und Eigenschaften ausgerüstet und dir Teile seines Wesens anvertraut. So wie du denkst und fühlt kein anderer Mensch. Deshalb verstecke dich nicht. Denn du hast alle Gaben, die du brauchst, um ein sinnerfülltes Leben zu führen, und Gott freut sich schon darauf zu sehen, wie du deine Persönlichkeit ausleben wirst. Willst du dich mit ihm an dir selbst freuen lernen? Dann nimm dir noch einmal einen Moment: Wer schätzt deine Art, zu denken oder zu leben? Welche Menschen suchen deine Nähe, weil sie sich von deiner Art angezogen fühlen? Wem bist du zum Segen geworden, einfach weil du bist, wie du bist? Welche Aufgaben werden dir von wem zugetraut? Öffne deine Herzensaugen: Für wen bist du ein Geschenk?

Ein Teil dieser Dinge ist uns bewusst und macht uns Mut. Und doch sehen wir nur einen Bruchteil des Einflusses, den wir auf Menschen in unserem Leben haben. Deshalb sei mutig. Vertraue deinem Schöpfer. Er hat einen guten Plan. Du bist ein größerer Segen, als du ahnst.

> *Deine Eltern wollten ein Kind.*
> *Gott wollte dich.*
>
> Chinesisches Sprichwort

Zwei
Die Vor-bereitung

Deine Geschichte ist bedeutungsvoll.

Was mich betrifft, hat Gott alles Böse,
das ihr geplant habt, zum Guten gewendet.
Auf diese Weise wollte er das Leben vieler
Menschen retten.

1. Mose 50,20

Wenn ich glaube, dass Gott meine Persönlichkeit geschaffen hat, was ist dann mit der Geschichte meines Lebens? Ist meine Biografie Teil seines Plans oder disqualifiziert sie mich? Der israelische König David schreibt in Psalm 139:

>> *Wie kostbar sind deine Gedanken über mich, Gott! Es sind unendlich viele.*

Psalm 139,17

Gottes Gedanken über mein Leben sind unendlich viele – das heißt: mehr, als es Sandkörner auf dieser Erde gibt. Könnte es sein, dass Gott mehr vor Augen hat als ich in meiner eingeschränkten Sicht?

Als ich zwanzig war, dachte ich, mein Leben wäre sinnlos. Durch falsche Entscheidungen, so glaubte ich, hatte ich mir für immer eine hoffnungsvolle Zukunft verbaut. Ich dachte viel über Selbstmord nach. Heute, mit über fünfzig, staune ich über mein Leben. Mein Herz ist voller Dankbarkeit und Hoffnung. Gott hat all das gewusst. Auch damals, als ich selbst noch blind dafür war.

Unsere Geschichten sind so unterschiedlich wie unsere Persönlichkeiten. Aber ganz egal wie deine aussieht: turbulent wie ein Actionfilm, tragisch wie ein Drama oder so vorhersehbar wie der Tatort am Sonntagabend – sie ist Teil dessen, was Gott mit dir vorhat. Egal, wie du über sie denkst – deine Biografie hat dich Kostbares gelehrt. Deine Lebensgeschichte ist untrennbar mit Gottes Wunsch verbunden, dich und andere zu beschenken.

> **Egal, wie du über sie denkst – deine Biografie hat dich Kostbares gelehrt.**

Ich möchte dir von einer meiner Heldinnen erzählen: Dr. Ida Scudder. Als ich vor vielen Jahren ihre Biografie *Doktor Ida* von Dorothy C. Wilson las, war ich tief bewegt – denn auch sie hatte mit ihrer Herkunft gehadert und diese hinter sich lassen wollen.

Ida Scudder war eine der wenigen Frauen, die Ende des 19. Jahrhunderts in den USA ihren Abschluss als Medizinerinnen machten. Sie selbst war in Indien geboren und aufgewachsen, teilte jedoch lange Zeit weder die Leidenschaft ihres Vaters für die Medizin noch die für das Land, in dem ihre Familie bereits seit drei Generationen als Missionsärzte lebte: zu heiß, zu voll, zu schmutzig. Dafür liebte die junge Frau die Vereinigten Staaten, wo sie ihre Mittelschulbildung abschloss. Sie hatte deshalb nicht den Plan, Missionarin zu werden, als ihr Vater sie eines Tages bat, dringend nach Indien zu kommen, um ihre kranke Mutter zu unterstützen. Ein wenig widerwillig machte Ida Scudder sich auf den Weg. Und was sie in Indien vorfand, war noch schlimmer, als sie es in Erinnerung hatte: Die feuchte Hitze erschöpfte sie. Überall waren Menschen. Und der Schmutz war allgegenwärtig. Sie war sich sicher, dass sie keinen Tag länger als nötig bleiben würde.

Bevor sie sich allerdings auf den Rückweg nach Amerika machen konnte, hatte sie eine Begegnung, die ihr Leben auf den Kopf stellte.

Ida Scudder lebte in einer Zeit, in der es indischen Frauen verboten war, sich von Ärzten untersuchen und helfen zu lassen – von männlichen Ärzten. Sie lebte aber auch in einer Zeit, in der es für Frauen fast unmöglich war, Medizin zu studieren. Zu ihrem Entsetzen starben an einem einzigen Abend gleich drei Frauen des Ortes unter der Geburt, weil es keine Ärztin gab, die ihnen hätte helfen können. Und aufgrund der Traditionen würde ein Mann es einem männlichen Arzt nicht erlauben, seiner Frau zu helfen, selbst wenn das – wie in diesen drei Situationen – deren Tod bedeutete. In dieser Nacht entschied sich Ida, Ärztin zu werden und so schnell wie möglich nach Indien zurückzukehren.

Als ich das Buch über ihr Leben beendet hatte, war ich voller Fragen: War es möglich, dass ein einzelner Mensch so vielen zum Segen werden konnte? Ein Mensch, der Gottes Führung vertraute?

Einfach zu chaotisch

Ich war mir ziemlich sicher, dass mein eigenes Leben dazu nicht die richtigen Voraussetzungen hatte. Meine Geschichte erschien mir chaotisch und unbedeutend. Ich wuchs in einer Kleinstadt im Dreiländereck auf – dort, wo Deutschland, Frankreich und die Schweiz aufeinandertreffen. Meine Schwester wurde geboren, als ich vier Jahre alt war. Schon zwei Jahre später zerbrach die Ehe meiner Eltern. Ich war gerade in die Schule gekommen, als meine Mutter mit uns auszog.

Möglicherweise war es die Scheidung meiner Eltern oder die vielen Veränderungen danach, aber meine Sicherheit war erschüttert worden und ich war ständig auf der Suche nach Aufmerksamkeit. Meine Mutter heiratete wieder und ich bekam noch zwei Schwestern. Trotz aller Bemühungen meiner Familie wuchs ich mit dem Gefühl auf, nicht dazuzugehören. Ich wollte es allen recht machen und sehnte mich nach Liebe. In der Schule war ich eine Außenseiterin und hatte keine wirkliche Freundin. Meine Leistungen waren durchschnittlich, auch damit konnte ich also nicht punkten. Und wir zogen häufig um, was es nicht besser machte. Meine Sehnsucht nach Liebe und Aufmerksamkeit war wie ein Loch ohne Boden. Ich verliebte mich häufig und heftig und war am Boden zerstört, wenn der Betreffende kein Interesse an mir hatte.

Schon früh half ich im Betrieb meiner Mutter und meines Stiefvaters mit. Das gab mir einen gewissen Wert. Ich fühlte mich wichtig, weil sie mit meiner Hilfe rechneten. Doch leider entfernte mich das noch mehr von den Mitschülerinnen, die sich nach der Schule oft spontan trafen. Trotzdem ging ich gerne zur Schule. Vielleicht lag das daran, dass ich immer wieder in einen meiner Lehrer verliebt war. Mit achtzehn, ich war gerade in der elften Klasse, stand ich dann in Mathematik und Französisch auf einer glatten Sechs. Und anstatt die Klasse zu wiederholen, verließ ich die Schule. Meine Eltern stellte ich vor vollendete Tatsachen. Ich hatte den Plan, als Au-pair-Mädchen im Ausland Französisch zu lernen und dann eine Ausbildung im Hotelfach zu machen. Eigentlich wollte ich nur weg von zu Hause. Ich sehnte mich danach, mein Leben endlich allein in die Hand zu nehmen.

Also bewarb ich mich als Au-Pair bei einer Familie in der französischen Schweiz und arbeitete dort fast ein Jahr. Der Job fiel mir leicht, denn ich war selbstständiges und zuverlässiges Arbeiten gewohnt. Ich kümmerte mich um die drei Kinder, Hund, Haushalt und Hasen. Nebenher wollte ich mir einen Traum erfüllen und meldete mich in einer Ballettschule an. Ich belegte mehrere Kurse in der Woche und war voller Erwartungsfreude. Doch sehr schnell wurde mir klar, dass ich für eine Karriere als Primaballerina zu spät dran war.

In dieser Zeit lernte ich Serge kennen, meinen heutigen Mann. Diese Beziehung veränderte alles. Ich war auf der Suche nach Freiheit und Liebe. Als ich Serge das erste Mal sah, stand er an der Rezeption eines Hotels, wo er seine Ausbildung machte. Das Hotel teilte sich den Haupteingang mit dem der Ballettschule. Wie er da in Anzug und Krawatte stand und mich anlächelte, war ich sicher, ich hätte die Liebe meines Lebens gefunden. Er wirkte seriös, bodenständig und ehrlich. Doch mein erster Eindruck von ihm trügte. Unter der Anzughose trug Serge seine hautengen Jeans und hinter dem professionellen Äußeren versteckte sich ein rebellischer junger Mann mit Drogenproblemen. Als Mädchen aus der Kleinstadt war ich blind für diese Anzeichen, denn ich hatte nie mit derlei Dingen zu tun gehabt.

Wir stürzten uns in eine Beziehung. Es dauerte nur ein paar Wochen, bis mir auffiel, dass Serge und seine Freunde regelmäßig Haschisch rauchten und mehr Alkohol tranken, als gut war. Natürlich war ich außer mir. Ich stellte Serge zur Rede, doch er machte sich über meine Ängste lustig. Als er mir einen Deal vorschlug, ließ ich mich darauf ein. Dieser lautete: Wenn ich die Drogen auch ausprobieren würde und dann immer noch der Meinung wäre, sie seien gefährlich, würde er damit aufhören. Ich hätte es besser wissen müssen. Aber ich dachte, Serge würde mich lieben, und war meinerseits bereit, alles zu tun, um unsere Liebe zu schützen.

Meine ersten Versuche mit Haschisch waren nicht besonders. Mir wurde vom Nikotin vor allem schwindelig. Womit ich jedoch nicht gerechnet hatte, war die Erfahrung der Gemeinschaft. Endlich war ich Teil einer Gruppe. Ich machte weiter. Schon nach kurzer Zeit hatte ich die erste Gelegenheit, Ecstasy auszuprobieren. Die Designerdroge war gerade in der Schweiz angekommen. Ich erwartete keine besondere Wirkung – und wurde überrascht.

> **Ich dachte, ich hätte Freiheit gefunden. Aber es war keine Freiheit – es war Drogensucht.**

Bis zu diesem Zeitpunkt hatte ich nicht verstehen können, warum Menschen sich auf Drogen einlassen. Jeder wusste doch, wohin das führen konnte. Als Serge mich an diesem Abend von meiner neuen Arbeitsstelle in einem Restaurant abholte, hatte er bereits die erste Hälfte einer Ecstasy-Kapsel genommen, die er von einem Freund bekommen hatte. Er ließ mich die zweite Hälfte schlucken. Innerhalb von weniger als dreißig Minuten spürte ich eine erstaunliche Wirkung. Eine tiefe Zufriedenheit breitete sich in mir aus. Es war das Gefühl von: »Mir ist egal, was andere über mich denken, ich bin, wer ich bin.« Das hatte ich vorher nicht gekannt. Es war unglaublich schön. Von da an wollte ich mich nie mehr anders fühlen. Ich dachte, ich hätte damit Freiheit gefunden. Aber es war keine Freiheit – es war Drogensucht.

Serge erwartete von mir, meine Lieblingsmusik, lieb gewonnene Orte und sogar meine Überzeugungen aufzugeben. Ich tat es, immer noch im Glauben, die große Liebe gefunden zu haben. Gleichzeitig nahmen die Drogen mich ein. Um sie zu finanzieren, arbeitete ich in verschiedenen Jobs und merkte nicht, wie tief ich fiel. Ich, die ich nie auch nur geraucht hatte und keinen Alkohol trank, versuchte verzweifelt, die Leere in meinem Herzen mit Ecstasy, Haschisch und Kokain zu betäuben. Meine Beziehung zu Serge war schon zu Beginn von Streit und Verletzungen geprägt. Ich fühlte mich einsamer und ungeliebter denn je. Damals schrieb ich in mein Tagebuch: »Ich kann so nicht weiterleben, aber ich will nicht ohne Serge sein.«

Ich arbeitete in Hotels, Restaurants und Büros, doch die Drogensucht machte sich immer deutlicher bemerkbar. Oft war ich übermüdet, unkonzentriert und unzuverlässig. Schließlich wurde meine Arbeitserlaubnis nicht verlängert und ich sollte die Schweiz verlassen. Ich konnte mir zu dem Zeitpunkt nicht mehr vorstellen, zu meinen Eltern zurückzuziehen. Deswegen ergriff ich stattdessen die Gelegenheit, in einem Ferienklub in Portugal zu jobben. Ich verließ die Schweiz, konnte allerdings weder die Drogen noch Serge hinter mir lassen.

Während ich im Ferienklub die Touristen unterhielt, lebte Serge denselben Lebensstil weiter und schickte mir hin und wieder Haschisch mit der Post. Dann passierte etwas, wofür ich heute sehr dankbar bin. Es half mir dabei, mit den Drogen fast gänzlich aufzuhören: Ich verliebte mich in einen Kollegen. Aus dem anfänglichen Flirten wurde schnell mehr und ich wurde schwanger – mit gerade zwanzig. Ich war so jung und von romantischen Filmen geprägt. Daher wollte ich ganz einfach die Schwangerschaft für mich behalten und mein Kind allein großziehen, verstand aber nicht, wie radikal sich mein Leben würde ändern müssen. Tatsächlich konnte ich mir ein Leben mit dem zehn Jahre älteren Vater des Kindes nicht vorstellen. Stattdessen erschien mir die Beziehung zu Serge aus der Distanz harmonischer, als sie es jemals gewesen war. Als er mich eines Tages anrief und sagte: »Ich mach hier nur Mist, komm zurück«, packte ich meine Koffer und flog zurück in die Schweiz.

Mein Plan war, Serge vor die Wahl zu stellen: ich und das Kind oder keiner von uns beiden. Eine Abtreibung kam für mich nie infrage, obwohl mich leider niemand ermutigte, das Baby zu behalten. Ich freute mich sogar darauf, einen Menschen um mich zu haben, der mich lieben würde. Endlich. Und ich würde die beste Mutter sein. Nach einer Nacht voll heftiger Diskussionen entschied Serge sich tatsächlich für uns. In Lausanne konnte ich nicht bleiben, also reiste ich nach Paris. Ich wohnte bei Freunden und versuchte einen Job als Model zu bekommen. Nach drei Monaten gab ich diese Idee auf. Ich kehrte nach Deutschland zurück.

Dort lebte ich fast ein Jahr bei meinem Vater, bis ich eine kleine Wohnung fand. Als dann mein Sohn geboren wurde, war ich überglücklich. Serge beendete in dieser Zeit seine Lehre und anschließend seine Grundausbildung beim Militär. Solange er in Lausanne war, fiel es mir leicht, die Finger von den Drogen zu lassen. Als unser Sohn Malik fast ein Jahr alt war, kam Serge dann nach Deutschland. Allerdings brachte er auch die Drogen mit. Wäre uns Jesus nicht begegnet, hätte das alles kein gutes Ende genommen – aber dazu später mehr.

<hr />

Erfahrungen, die wir im Leben machen, prägen uns. Das, was ich erlebt habe, hat mich geprägt. Ich weiß, wie es sich anfühlt, wenn Sucht das Leben bestimmt. Ich weiß, wie es sich anfühlt, ungeplant schwanger zu sein. Und ich weiß, wie es ist, das eigene Leben ohne Gott zu leben.

In dieser Zeit fragte ich nicht nach Gott. Doch auch wenn ich nichts von ihm wissen wollte, hat er sich nie von mir abgewandt.

> *Unser Vater im Himmel fängt nicht erst dann mit uns an, wenn wir ihm unser Leben anvertrauen. Er ist auch schon vorher immer an unserer Seite.*

Die Vorbereitung

Damit der Töpfer den Ton an der Drehscheibe formen und verarbeiten kann, braucht dieser die richtige Konsistenz. Er muss also vorbereitet werden. Das kostet einiges an Zeit und ist anstrengend. Denn frischer Ton ist in feste Pakete gepresst. Er ist kalt und hart. Um ihn nun gebrauchsfertig zu machen, gibt es eine aus drei Schritten bestehende Technik: das Werfen, das Schlagen und das Kneten.

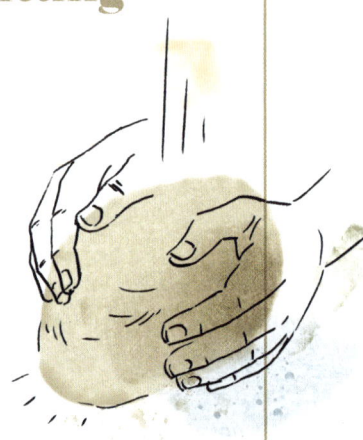

Beim ersten Schritt, dem Werfen, wird etwa ein Kilo Ton vom Tonblock abgeschnitten – so viel, wie man gut werfen und kneten kann – und immer wieder kraftvoll auf die Arbeitsfläche geworfen. Nach jedem Wurf wird der Tonklumpen mit den Händen geklopft.

Mit einem speziellen Tonschneider wird er dann mittig zerschnitten. Die eine Hälfte wird um neunzig Grad gedreht und wieder auf den Rest des Tons geworfen. Diese zerschnittenen Teile werden wieder zusammengedrückt, dann als Ganzes auf die Arbeitsfläche geworfen und wieder zerschnitten, wieder zusammengedrückt …

Dieser Vorgang wird viele Male wiederholt. Der Klumpen bleibt dabei gleich groß, aber es geht darum, Unreinheiten und Lufteinschlüsse zu entdecken und zu entfernen. Warum ist das wichtig? Fremdkörper oder Luftbläschen könnten beim Brennen

*dazu führen, dass das Gefäß Schaden nimmt. **Sorgfältiges Arbeiten kann verhindern, dass das getöpferte Stück später beim Brennen zerbricht.***

Nach dem Schlagen wird der Ton dann ähnlich wie ein Brotteig geknetet. Und erst wenn er ganz geschmeidig ist, wird er portioniert und luftdicht verpackt. Nun ist der Ton bereit und kann weiterverarbeitet werden.

Durchgeknetet werden

Wenn Gott wie ein guter Vater oder eine gute Mutter ist, die ein solches Leben für uns wollen – und das glaube ich –, dann darf er mich nicht vor allem Schweren bewahren. Er wird mich Dingen aussetzen, die sich manchmal wie das Werfen, Schlagen und Kneten des Töpfers anfühlen.

>> *Mit strenger Hand erzogen zu werden, tut weh und scheint zunächst alles andere als ein Grund zur Freude zu sein. Später jedoch trägt eine solche Erziehung bei denen, die sich erziehen lassen, reiche Früchte: Ihr Leben wird von Frieden und Gerechtigkeit erfüllt sein.*

Hebräer 12,11; NGÜ

Doch Gott verspricht auch, uns von seiner Seite aus nicht über unsere Fähigkeiten hinaus zu fordern. Wie der Töpfer weiß, was es braucht, um den Ton geschmeidig zu machen, weiß auch unser Meistertöpfer, wie viel er uns zumutet. Aber: Frieden und Gerechtigkeit, was für eine Verheißung!

Fühlst du dich manchmal wie geschlagen oder durchgeknetet? Dann erinnere dich daran: Deine Lebensgeschichte ist Teil der Vorbereitung des Töpfers. Wer deine Eltern sind, wo und wann du geboren wurdest und welche Erfahrungen du gemacht hast, sind alles Faktoren, die dich zu der Person machen, die du heute bist. Es ist Gottes Geschichte mit dir. Ob sie turbulent, tragisch oder vorhersehbar ist – du bist nicht allein. Du bist nicht disqualifiziert. Deine Lebensgeschichte ist einzigartig. Weil du es bist.

Ich möchte dich nun bitten, ein paar prägende Lebenserfahrungen aufzuschreiben, vor allem die ungewöhnlichen und schweren. Das können Menschen sein, die dir geschadet oder die deinem Leben eine andere Richtung gegeben haben. Oder auch Entscheidungen, die wegweisend waren und die du vielleicht bereust. Falls du mehr Platz brauchst, nutze ein Tagebuch oder ein zusätzliches Blatt.

....

....

....

....

....

....

....

Deine Geschichte kann schmerzvoll sein, aber sie ist nicht das Ende. Wenn wir Gott erlauben, unser Leben in seine Hände zu nehmen, werden wir entdecken, dass er sogar Ungerechtigkeiten zu unserem Vorteil wenden kann. Diese Zusage finden wir im Römerbrief: »Und wir wissen, dass für die, die Gott lieben und nach seinem Willen zu ihm gehören, alles zum Guten führt« (Römer 8,28).

> **Gott braucht keine Helden und Heldinnen, aber verwandelt uns in welche, wenn wir ihm vertrauen.**

Gott schreibt Geschichte. Mit mir und mit dir. Er braucht dazu keine Helden und Heldinnen, aber er verwandelt uns, wenn wir ihm vertrauen. Lass uns dazu einen der biblischen Helden anschauen: Josef. Kennst du seine Geschichte? Sie wurde schon viele Male verfilmt – zu Recht. Ich finde, sie beinhaltet alles, was eine gute Story braucht: eine sympathische Hauptfigur, viele Konflikte und Umwege sowie ein Happy End.

Wie sich Josef eine Haltung des Vertrauens bewahrte

Josef lebte in einer wohlhabenden Familie. Heute würden wir sagen: Patchworkfamilie. Sein Vater hatte zwei Frauen und zwei Nebenfrauen. Doch nur einer der Frauen gehörte sein Herz. Ausgerechnet sie war viele Jahre lang unfruchtbar. Als sie endlich doch schwanger wurde und der sehnlichst erwartete Sohn, Josef, geboren wurde, hatte dieser bereits zehn Halbbrüder. Eifersucht und Neid bestimmten die Beziehungen in dieser Familie, in der unser Held aufwuchs. Und er selbst machte die Situation nicht besser, weil er die Bevorzugungen seines Vaters ganz selbstverständlich ausnutzte. Davon lesen wir im 1. Buch Mose:

>> *Dies ist die Geschichte von Jakob und seiner Familie. Josef war 17 Jahre alt. Er hütete häufig gemeinsam mit seinen Halbbrüdern, den Söhnen von Bilha und Silpa, die väterlichen Schaf- und Ziegenherden. Doch Josef hinterbrachte es seinem Vater, wenn sie etwas Schlechtes taten. Jakob liebte Josef mehr als seine anderen Söhne, weil er ihm erst im Alter geboren worden war. Deshalb ließ er Josef eines Tages ein prächtiges Gewand machen. Seine Brüder hassten Josef, weil sie merkten, dass ihr Vater ihn lieber hatte als sie, und redeten kein freundliches Wort mehr mit ihm.*

1. Mose 37,2-4

Josef wird also von seinem Vater bevorzugt und deshalb von seinen Brüdern abgelehnt, verraten und schließlich in die Sklaverei verkauft. In der Fremde versucht er trotz allem, nach seinen Überzeugungen zu leben – und Gott ist mit ihm:

>> *Josef war nach Ägypten gebracht worden. Potifar, ein Minister des Pharaos und Oberbefehlshaber der königlichen Leibwache, kaufte ihn von den ismaelitischen Händlern. Der Herr half Josef und ließ ihm alles gelingen, während er im Haus seines ägyptischen Herrn arbeitete. Potifar bemerkte, dass der Herr mit Josef war und ihm in al-*

lem, was er unternahm, Erfolg schenkte. Deshalb fand er seine Gunst und wurde Potifars persönlicher Diener. Schon bald übertrug Potifar Josef die Aufsicht über sein Haus und die Verwaltung seines gesamten Besitzes. Von jenem Tag an segnete der Herr Potifar um Josefs willen. Alle Arbeiten im Haus gelangen, die Ernte fiel gut aus und sein Viehbestand vergrößerte sich ständig. Deshalb gab Potifar Josef Vollmacht über seinen ganzen Besitz. Er kümmerte sich in seinem Haus um nichts mehr, außer um sein eigenes Essen. Josef war ein gut aussehender junger Mann. Daher fing Potifars Frau an, ihn zu begehren und forderte ihn auf, mit ihr zu schlafen. Doch Josef weigerte sich.

1. Mose 39,1-8

Josef hat Werte. Trotz der eigenen Erfahrung mit seinen Brüdern will er mit seinem Leben Gott ehren. Er widersteht den Annäherungsversuchen seiner Chefin. Aber das Schicksal scheint gegen ihn zu sein. Die Abgewiesene stellt ihm eine Falle:

>> *Eines Tages jedoch war keiner der anderen Sklaven da, während er seiner Arbeit im Haus nachging. Da packte sie ihn an seinem Gewand und verlangte: »Schlaf mit mir!« Josef riss sich los, ließ sein Gewand in ihrer Hand zurück und floh aus dem Haus. Als sie merkte, dass sie sein Gewand in der Hand hielt, er selbst aber geflohen war, rief sie ihre Diener. »Mein Mann hat diesen hebräischen Sklaven hierher gebracht, der nur seinen Mutwillen mit uns treibt«, sagte sie. »Er wollte mich vergewaltigen, ich aber habe laut geschrien. Da rannte er davon, doch sein Gewand ließ er bei mir zurück.«*

1. Mose 39,11-15

Josef wird zu Unrecht ins Gefängnis geworfen und dort vergessen. Er muss sich nun entscheiden: Soll er bitter werden über die unfaire Behandlung? Oder Rachepläne schmieden? Beides könnte ich sehr gut nachempfinden. Ich staune darüber, wie es Josef gelingt, keins von beidem zu tun - obwohl es wiederholt so aussieht, als würde sein Leben in einer Sackgasse stecken. Aber dieser Mann stellt sich seinen Gedanken und Gefühlen. Er bewahrt sich eine Haltung des Vertrauens gegenüber seinem Gott. Und Gott belohnt Josefs Rechtschaffenheit und macht ihn kurz darauf zum zweitmächtigsten Mann in Ägypten. Hier wird er vielen zum Segen. Auch seiner Familie. Josef musste sich entscheiden, woran er glaubte, bevor er das Ende kannte. Alles, was er kannte, war das Wesen seines Gottes.

Wie ist das bei dir? Hast du derzeit das Gefühl festzustecken? Haben Menschen dir übel mitgespielt oder hast du selbst Entscheidungen getroffen, die dich belasten und dich heute noch schmerzen?

Keine Lebensgeschichte kommt ohne Schmerz aus. Daher flüchte ich mich, wann immer mein Herz schmerzt, zuerst zu meinem Vater im Himmel. Seine Arme sind immer offen. Bei ihm kann ich ehrlich sein und meinen Tränen freien Lauf lassen. Ich brauche nichts zu beschönigen, nichts zu verheimlichen. Er versteht mich und kennt mich besser als jede und jeder andere. Sogar besser, als ich mich selbst kenne. In diesen Zeiten wird mir das Wort Gottes zum Trost, weil ich in ihm Gottes liebevolles Herz entdecke.

>> *Dann sagte Jesus: »Kommt alle her zu mir, die ihr müde seid und schwere Lasten tragt, ich will euch Ruhe schenken. Nehmt mein Joch auf euch. Ich will euch lehren, denn ich bin demütig und freundlich, und eure Seele wird bei mir zur Ruhe kommen.«*

Matthäus 11,28-29

Wenn uns der Schmerz über unser Leben in Gottes Arme treibt, kann er sich verwandeln. Denn Gott schüttelt nicht den Kopf über unsere Not. Er rollt auch nicht mit den Augen. Im Gegenteil, er ist die einzige Person, die uns versteht und zu uns hält, egal, wie viel wir sagen oder verschweigen. Sein Ja zu uns lässt uns zur Ruhe kommen. Und wenn wir wissen, dass er uns liebt, können wir auch hören, was er uns sagt. König David formuliert das so: »Denn deine Gnade war mir vor Augen, und in deiner Wahrheit wandelte ich« (Psalm 26,3; ELB).

Immer wieder erlebe ich, dass Gott eine Situation ganz anders bewertet als ich. Wenn ich also heil werden will, brauche ich seinen Rat. Und ich kann ihn annehmen, wenn ich weiß, dass Gott für mich ist. Erlaube ihm daher, dir zu zeigen, wie er dein Leben sieht. Dadurch können viele schmerzhafte Momente dir im Nachhinein zum Segen werden. Und Tränen zu Regentropfen, die neues Leben hervorbringen.

Der Bauerngarten meiner Nachbarin ist ein schönes Beispiel dafür. Der Garten ist wild und schön. Meine Nachbarin ist über achtzig Jahre alt und verbringt dort viel Zeit. Was für mich willkürlich aussieht, hat sie genau durchdacht. Von den ersten Frühlingstagen bis tief in den Herbst hinein wächst und blüht dort immer etwas: Blumen, Obst und Gemüse. Da wachsen Pflanzen beieinander, die sich ergänzen. Die Kapuzinerkresse steht bei der Tomate, weil diese mit ihren schnell wachsenden Blättern den Boden beschattet und feucht hält. Die Wurzeln der kleinen Kresse wiederum machen den Boden durchlässig für den Regen – und die Tomate braucht viel Wasser.

Einige Pflanzen halten Schädlinge voneinander fern. Darum wächst der Knoblauch bei der Rose. Setzt man Dill neben Karotten, verbessert das den Geschmack der Karotten. Der Kohl braucht viele Nährstoffe, sein Nachbar, der Salat, dagegen wenig. In einem Bauerngarten bleibt kein Plätzchen ungenutzt. Beerensträucher am Rand des Gartens sind im Winter nicht nur Futter für die Vögel, sie sind auch Sicht- oder Windschutz. Alles hat seinen Platz und Nutzen und selbst der verwitterte Holzzaun dient als Kletterhilfe für die duftenden Wicken.

> *Auch mein und dein Leben ist wie ein Garten. Es ist kein Durcheinander. Aus Gottes Perspektive ist es so wunderbar durchdacht wie ein Bauerngarten.*

Betrachte also deine Geschichte neu. Welche Ereignisse waren einschneidend? Auf welche hättest du vielleicht lieber verzichtet? Welchen Beziehungen sind aus deiner Biografie nicht wegzudenken und welchen wärst du lieber aus dem Weg gegangen? Und wie hat dich das alles doch an einen guten Platz im Leben geführt oder wie kann es das in Zukunft noch?

Jetzt wird's praktisch

Auf genau diese Entdeckungsreise möchte ich dich jetzt mitnehmen. Schaue dir zunächst noch einmal an, was du weiter vorne aufgeschrieben hast.

Wir alle ziehen unsere Schlüsse aus den Erfahrungen unseres Lebens. Leider sind sie sehr selten objektiv. Im Gegenteil. Oft ziehen wir falsche Schlüsse, die uns unser Leben lang prägen und hindern. Wir glauben Lügen. Über uns, Gott und andere Menschen. Das Problematische daran ist, dass die Lügen oft erschreckend nah an der Wahrheit sind, weshalb es uns so leichtfällt, sie zu glauben, und im Gegenzug so schwer, sie zu erkennen.

Ich möchte dir an einem Beispiel zeigen, was ich meine. Psychologinnen und Psychologen haben herausgefunden, dass viele Kinder aus gescheiterten Ehen die Schuld dafür bei sich selbst suchen. »Mama und Papa haben sich getrennt, weil *ich* sie enttäuscht habe.« Wird diese Lüge nicht aufgedeckt und mit der – manchmal ähnlich lautenden – Wahrheit ersetzt, zum Beispiel: »Mama und Papa haben sich getrennt, weil sie *einander* enttäuscht haben«, bleibt die Angst, nicht liebenswert zu sein, oft ein Leben lang bestehen. Das beeinflusst jede weitere Beziehung.

Deshalb wollen wir unseren Lebenslügen nun gemeinsam mit unserem Vater im Himmel auf die Spur kommen. Ich ermutige dich dazu, Gott um eine Offenbarung zu bitten. Auch wenn du nicht geübt darin bist, seine Stimme zu hören, rechne ich damit, dass du ganz neue Einsichten in deine Erfahrungen bekommen wirst.

>> *Deshalb spricht der Heilige Geist: »Heute sollt ihr auf seine Stimme hören.«*

Hebräer 3,7

Erlaube Gott, Lügen aufzudecken, die dich lähmen. Du kannst deine eigenen Worte formulieren oder das folgende Gebet nutzen.

> *Vater im Himmel,*
> *du kennst meine Geschichte wie niemand sonst. Du siehst mein Herz und meine Gedanken. Ich bringe dir diese Situation oder Erfahrung meines Lebens:*
>
> ....
>
> ....
>
> *Bitte offenbare mir, welche Lüge ich glaube.*
> *Ich will hören. Rede du zu mir.*
> *Amen.*

Schreibe jetzt die ersten Gedanken auf, die dir in den Sinn kommen. Wundere dich nicht. Die Sätze werden für dich vermutlich nach der Wahrheit klingen. Sie sind auch wahr für dich – aber es ist nicht die Wahrheit. Sei mutig, schreib alles hier auf:

....

....

....

Der nächste Schritt ist genauso wichtig. Frage Gott nun, was die Wahrheit ist. Schreibe wieder auf, was dir einfällt. Das kann auch eine Bibelstelle, ein Zitat, ein Liedtext oder Ähnliches sein. Es braucht manchmal ein bisschen Übung, aber traue Gott zu, dass er zu dir durchdringen kann.

....

....

....

....

Bevor du weitergehst, werde noch einmal still. Bitte Gott, dir zu offenbaren, wie er deine Erfahrung bewertet. Was hast du daraus gelernt? Du kannst gerne mein Gebet benutzen.

> *Vater im Himmel,*
> *ich möchte wissen, was du zu dieser Erfahrung zu sagen hast.*
> *Was habe ich daraus gelernt? Wie bin ich daran gewachsen?*
> *Danke für dein Reden.*
> *Amen.*

Welche Gedanken kommen dir in den Kopf? Schreibe sie auf. Sie müssen nicht gut formuliert sein, sondern dein Herz berühren.

....

....

....

....

Jeder Stein zählt

Ich habe mir angewöhnt, meinen himmlischen Vater viel mehr in meine Gefühle und Gedanken einzubeziehen. Oft macht er mich auf Dinge aufmerksam, die ich sonst übersehen würde. Denn selbst unscheinbare Momente in unserer Geschichte können für die Zukunft wichtig sein.

Unser Leben ist wie ein Mosaik. Es gibt unterschiedlichen Teile, verschiedene Farben und Formen. Die Schönheit und das große Bild sind nur mit etwas Abstand zu erkennen. Ich bin so viele Umwege gegangen. Wer nicht? Doch was sich wie ein Umweg anfühlte, war wahrscheinlich der einzige Weg zum Ziel. Meine Erfahrungen, die Erschütterungen, der Schmerz und das Warten, das alles gehört dazu. Mein Versagen lässt mich reifen, wenn ich mich ehrlich damit auseinandersetze. Und jede Entscheidung führt mich weiter.

Deine Geschichte ist herrlich komplex, manchmal frustrierend, aber niemals bedeutungslos.

Meine Geschichte ist herrlich komplex, manchmal frustrierend, aber niemals bedeutungslos. Und das gilt auch für deine. In einem Mosaik dürfen die dunklen Farben nicht fehlen, denn nur durch sie wird das eigentliche Bild sichtbar. Es gibt sie nicht, die »normale« Geschichte. Es gibt kein einfaches Leben. Deshalb versöhne dich mit deinem Lebensweg. Vergib denen, die dir geschadet haben. Und erlaube Gott immer wieder, dir zu zeigen, wie er Dinge zum Guten wenden wird. So wird deine Geschichte neu bewertet. Du wirst erkennen, wie deine Biografie dich auf das vorbereitet hat, was Gott noch mit dir vorhat.

Als ich 22 Jahre alt war, glaubte ich, dass ich mein Leben in den Sand gesetzt hatte. Ich lebte mit Serge und Malik in einer kleinen Wohnung und war unglücklich. In dieser Zeit konnte ich mir nicht vorstellen, dass es jemals wieder anders sein würde. Nur die Liebe zu meinem Sohn bewahrte mich davor, mein Leben zu beenden. In dieser Not begegneten mir Menschen, die mir von Jesus Christus erzählten. Sie berichteten davon, wie er ihr Leben neu gemacht hatte, und ich konnte ihnen ansehen, dass es wahr war. Die Freude in ihren

Gesichtern war echt und weckte neue Hoffnung in mir. Wir führten endlose Gespräche. Doch trotz meiner Verzweiflung war ich nicht dazu bereit, diesem Jesus mein Leben anzuvertrauen. Noch nicht.

Schließlich war es mein Freund Serge, mit dem ich heute dreißig Jahre verheiratet bin, der zuerst den Schritt auf Jesus zu wagte. Er veränderte sich. Er wurde nahbarer, gab Fehler zu, bat mich um Verzeihung und ließ die Finger von den Drogen, die so viele Jahre unser Leben bestimmt hatten. Das machte mir Mut. An einem Montagabend im Dezember 1991 las ich daher heimlich in meiner alten Bibel und versuchte Antworten zu finden auf Fragen, die Serge mir gestellt hatte. Denn in meiner Konfirmationszeit hatte ich mich mit dem Christentum auseinandergesetzt. Und ich dachte, ich hätte verstanden, worum es geht. Dabei hatte ich das Herz der Botschaft nicht begriffen. Jesus war für mich am Kreuz gestorben, so viel hatte ich verstanden. Aber meine Versuche, Gott zu beweisen, dass ich das Opfer wert gewesen war, endeten immer wieder in Frust. Es gelang mir nicht einmal, das Lügen sein zu lassen. Die folgenden Worte aus dem Römerbrief überraschten mich daher total:

>> *Denn alle Menschen haben gesündigt und das Leben in der Herrlichkeit Gottes verloren. Doch Gott erklärt uns aus Gnade für gerecht. Es ist sein Geschenk an uns durch Jesus Christus, der uns von unserer Schuld befreit hat.*

Römer 3,23-24

Ein freies Geschenk? Das würde ja bedeuten, dass ich Gott nichts beweisen müsste. Ja, das wäre eine gute Botschaft!

Ich war an diesem Abend allein zu Hause. Nach langem Zögern bat ich Jesus, mir meine Schuld zu vergeben. Zwar konnte ich mir nicht vorstellen, dass er mit meinem verkorksten Leben noch irgendetwas würde anfangen können, aber ich sehnte mich nach Vergebung und Hoffnung. Ich wollte ihm die Führung über mein Leben anvertrauen. Nie hätte ich mir vorstellen können, dass er mich so beschenken würde. Doch jeder Vertrauensschritt hat mich ermutigt und darin bestätigt, dass Gott gute Gedanken für mein Leben hat.

> ≫ *Es kann schwer sein, uns mit unserer Geschichte zu versöhnen, aber es ist schwerer, unser ganzes Leben lang davor wegzulaufen.*

Brené Brown[2]

Und was wurde aus Ida Scudder? Als Doktor Ida Scudder mit fast neunzig Jahren in Indien starb, hinterließ sie ein Krankenhaus, das *Christian Medical College* (CMC) in Vellore, Südindien. Es ist mittlerweile das größte christliche Krankenhaus der Welt. Seit seiner Gründung im Jahr 1909 bis heute hat es mehr als 3 800 Ärzte und Ärztinnen, 9 500 Krankenschwestern und -pfleger und 2 700 Doktoranden und Fachärzte und -ärztinnen ausgebildet. Täglich werden dort über zehntausend Menschen behandelt.

Die Geschichte dieser Frau ist einzigartig und bedeutungsvoll. Deine ist es ebenfalls. Denn sie ist Gottes Geschichte mit *dir*. Deine Lebensgeschichte kann den Menschen in deiner Welt neue Hoffnung geben – gerade dann, wenn du lernst, negative Erfahrungen aus einer anderen Perspektive zu betrachten. Vieles, worunter wir gelitten haben, hat uns Gutes gelehrt. Wie bei Doktor Ida.

Wir sind durch unsere Lebensgeschichte zu der Person geworden, die wir heute sind.

Wie anfangs berichtet, habe ich mich selbst als Kind und Jugendliche nach Aufmerksamkeit gesehnt. Durch meine eigene Not habe ich jedoch einen feinen Sensor dafür entwickelt, wenn andere sich ausgeschlossen fühlen. Durch die Ermutigung, die ich selber brauchte und bekommen habe, habe ich erlebt, wie bedeutsam Ermutigung ist. Heute nutze ich Gelegenheiten bewusst, um andere zu motivieren. Die schweren Verluste, die ich überlebt habe, haben mich verändert und mich echtes Mitgefühl gelehrt.

Wir alle sind durch unsere Lebensgeschichte zu der Person geworden, die wir heute sind. Was du über das Leben gelernt hast, ist einzigartig.

Ich fasse zusammen: Stelle dich – wie wir es nun gemeinsam begonnen haben – den Dingen, mit denen du in deiner Biografie haderst. Bitte Gott darum, dir seinen Blick darauf zu enthüllen. Und dir zu zeigen, welche Menschen in deiner Welt mit ähnlichen Konflikten zu kämpfen haben. Was du gelernt hast, kann anderen zum Segen werden.

> *Vater im Himmel,*
> *danke, dass du meine Lebensgeschichte lenkst. Ich will dir vertrauen,*
> *dass nichts von dem, was ich erlebt habe, sinnlos war. Ich will glauben,*
> *dass du selbst mich vorbereitest – für die Aufgaben, die du für mich*
> *hast. Ich will mich mit meiner Geschichte versöhnen und lernen, darü-*
> *ber zu staunen, wie sie mich zu einem echten Meisterwerk geformt hat.*
> *Amen.*

Drei
Das
Zentrieren

Deine Gefühle sind bedeutungsvoll.

Jesus weinte.

Johannes 11,35

Vor ein paar Jahren haben uns unsere Kinder einen Fallschirmsprung geschenkt. Eine starke Erfahrung! Ein Sprung aus einem völlig funktionstüchtigen Flugzeug braucht Mut. Genauso viel Mut braucht es, unsere Gefühle wahrzunehmen und zu teilen. Denn auch das fühlt sich manchmal an wie ein Schritt ins Leere. Was können wir also von Fallschirmspringenden lernen?

Ein Fallschirmspringer kontrolliert seinen Fallschirm sehr sorgfältig. Vor jedem Sprung. Er tut das aus einem einfachen Grund: Sein Leben hängt davon ab. Wovon hängt *unser* Leben ab? Was sollen *wir* genau prüfen?

>> *Vor allem aber behüte dein Herz, denn dein Herz beeinflusst dein ganzes Leben.*

Sprüche 4,23

Wir Menschen sollen unser Herz bewahren, rät uns die Bibel. So wie eine Fallschirmspringerin ihren Fallschirm. Aber wovor muss das Herz bewahrt werden?

Ich habe lange gedacht, ich müsse mein Herz vor meinen eigenen Gefühlen schützen. Man sagte mir, sie wären trügerisch und unbeständig. Stutzig machte mich jedoch, dass die Menschen der Bibel ihre Gefühle oftmals sehr deutlich ausdrückten. Sogar Jesus zeigte eine erstaunliche Bandbreite an Emotionen. Hier nur eine kleine Auswahl:

- Mitleid: Da rief Jesus seine Jünger zu sich und sagte: »Mir tun diese Menschen leid« (Matthäus 15,32).

- Trauer und Angst: »Er war sehr traurig, und schreckliche Angst quälte ihn. Er sagte zu ihnen: Meine Seele ist zu Tode betrübt. Bleibt hier und wacht mit mir« (Matthäus 26,37-38).

- Zorn und Ergriffenheit: »Zornig und erschüttert über ihre Hartherzigkeit sah er sie an« (Markus 3,5).

- Erstaunen: »Er wunderte sich über ihren Unglauben« (Markus 6,6).

- Ungeduld: »Ihr Ungläubigen! Wie lange muss ich noch bei euch sein, bis ihr endlich glaubt? Wie lange muss ich euch noch ertragen?« (Markus 9,19).

- Ärger: »Eines Tages brachten einige Eltern ihre Kinder zu Jesus, damit er sie berühren und segnen sollte. Doch die Jünger wiesen sie ab. Als Jesus das sah, war er sehr verärgert über seine Jünger und sagte zu ihnen: Lasst die Kinder zu mir kommen. Hindert sie nicht daran! Denn das Reich Gottes gehört Menschen wie ihnen« (Markus 10,13-14).

- Enttäuschung: »Als Jesus das hörte, seufzte er und sagte: Warum verlangt ihr unentwegt Zeichen? Ich versichere euch: Niemals wird dieser Generation ein Zeichen gegeben werden« (Markus 8,12).

Auch in den Psalmen finden wir eine erstaunliche Sammlung starker Gefühle. Könnte es daher sein, dass Gott mit unseren Gefühlen umgehen kann? Könnte es sogar sein, dass er uns Gefühle gegeben hat, um unser Leben reicher zu machen?

>> *Mein Leben ist ausgeschüttet wie Wasser und meine Knochen haben sich voneinander gelöst. Mein Herz ist in meinem Inneren wie zerschmolzenes Wachs. Mein Körper ist ausgetrocknet wie eine Scherbe aus Ton. Meine Zunge klebt mir am Gaumen. Du hast mich in den Staub gestoßen und wie tot liegen lassen.*

Psalm 22,15-16

König David, der diesen Psalm geschrieben hat, nimmt kein Blatt vor den Mund. Er ist verzweifelt und wendet sich damit an Gott. Obwohl er sich von ihm verlassen fühlt, hält er sich nicht zurück. David traut sich, seine Not ehrlich auszudrücken. Ähnlich gelingt es Hiob, was seine Wut und sein Unverständnis über Gottes Wege angeht.

>> *Gott hat meinen Weg vermauert, ich kann nicht weitergehen. Er hat meine Straße in Dunkelheit gehüllt. Er hat mir meine Ehre genommen und mir die Krone vom Kopf gezerrt. Er hat mich von allen Seiten niedergerissen, mit mir ist es aus. Ich bin wie ein entwurzelter Baum – ohne Hoffnung. In seinem Zorn wütet er gegen mich, er hat mich zu seinem Feind erklärt.*

Hiob 19,8-11

Menschen in der Bibel schämen sich nicht, ihre Gefühle vor Gott auszudrücken. Sie erlauben sich zu trauern und nennen ihren Schmerz oder ihre Enttäuschung beim Namen.

Ich fürchte, das haben wir verlernt. Wir loben Gefühle wie Freude, Vertrauen, Hoffnung und Dankbarkeit und verleugnen das, was wir »negative« Gefühle nennen. In der Bibel finde ich jedoch keinen Hinweis darauf, dass wir so eindimensional leben sollen. Jedes Gefühl hat seine Berechtigung. Jedes Gefühl ist eine Botschaft. Oder mit anderen Worten: Unsere Gefühle sind eine Herzenssprache. Wir dürfen diese Sprache lernen und das braucht Zeit, Aufmerksamkeit und Engagement. Denn wie jede andere Fremdsprache das tut, eröffnet uns auch das Lernen unserer Herzenssprache viele neue Erfahrungen und Erkenntnisse.

Alice Miller, polnische Philosophin und Psychotherapeutin, schreibt zum Thema unbewältigte Emotionen: »Nur die Auseinandersetzung mit den negativen Gefühlen ist der Weg zum Kontakt mit uns selbst. Nicht nur die guten Gefühle lassen uns lebendig sein, sondern alle.«[3]

Wenn wir nur den sogenannten »positiven« Gefühlen Raum geben, berauben wir uns einer wirklichen Kenntnis von uns selbst und der Fähigkeit, mit dem Schmerz anderer zu fühlen. Doch wir Menschen sind zu weit mehr fähig. Unsere Herzen werden weiter und weicher, wenn wir unsere Emotionen als Geschenk sehen. Was uns reich macht, ist nicht das Ignorieren von Gefühlen, sondern die Auseinandersetzung mit ihnen, dass wir durch sie lernen, was es heißt, menschlich zu sein. Dank unserer Emotionen können wir unsere Motivationen und Erwartungen entdecken. Wir verstehen unsere Werte und können lernen, zu ihnen zu stehen. Und wir lernen, unseren Gefühlen Raum zu geben, ohne dass sie unser Leben bestimmen.

Könnte es sein, dass Gott uns Gefühle gegeben hat, um unser Leben reicher zu machen?

Ich habe festgestellt, dass nicht die negativen Gefühle an sich unser Leben bestimmen, sondern vor allem die, die unterdrückt werden – und zwar weit mehr, als wir denken. Denn sie lösen sich nicht einfach auf, sondern drängen an die Oberfläche. Sie sind gottgegebene Signale, die uns auf etwas aufmerksam machen sollen. Natürlich: Wir sollen uns nicht von unseren Gefühlen beherrschen, sondern uns von der Wahrheit leiten lassen. Aber unsere Gefühle sind ein wertvolles Instrument, um zu dem vorzudringen, was in unserem Herzen passiert, und auf die richtige Spur ebendieser Wahrheit zu kommen.

Das heißt: Gefühle sind machtvoll. Sie bewegen uns, warnen uns und offenbaren uns, wer wir sind. Wenn ich enttäuscht werde, offenbart mir der bittere Schmerz vielleicht, dass ich eine Erwartung hatte, die nicht erfüllt worden ist. Die Sorge um einen geliebten Menschen offenbart meine Zuneigung. Wut über eine Ungerechtigkeit zeigt mir, dass Gerechtigkeit ein hoher Wert für mich ist. Fühle ich mich einsam in der Ehe, dann offenbart das, dass ich ursprünglich für innige Beziehungen geschaffen wurde. Wir brauchen unsere Gefühle. Sie sind wie Rauchmelder im Beziehungsalltag.

Hörst du hin, wenn dein Herz weint? Spürst du, wenn es schmerzt? Oder fürchtest du dich davor, von deinen Gefühlen überwältigt zu werden?

Die Vielfalt der Gefühle ist ein Geschenk

Manchmal wäre ich meine Gefühle gerne los. Doch dann entdecke ich wieder, wie sehr sie mein Leben reicher und tiefer machen. Während der letzten Jahre durfte ich lernen, dass sie sogar zu einem kostbaren Geschenk werden können, wenn ich meinen Vater im Himmel in den Prozess involviere. Denn das Wahrnehmen meiner Gefühle kann mir tiefe Einblicke in meine Persönlichkeit geben. Warum ich auf eine Situation auf diese bestimmte Art und Weise reagiere, ist sehr persönlich. Meine Gefühle sind also untrennbar mit meinem innersten Wesen verbunden.

Vor zwölf Jahren, unsere eigenen Kinder waren alle schon in oder aus der Schule, haben wir eine neue Herausforderung angenommen: Wir wurden Bereitschaftspflegeeltern. Das bedeutet, dass wir einspringen, wenn das Jugendamt kurzfristig ein liebevolles Zuhause für ein neugeborenes Baby braucht. Das Baby bleibt so lange bei uns, bis eine langfristige Lösung gefunden ist oder sich die Situation im Elternhaus stabilisiert hat.

Wir haben erlebt, dass diese Babys schon nach wenigen Tagen wie eigene Kinder für uns sind. Auch wenn wir wissen, dass sie nur eine kurze Zeit bei uns bleiben werden, ist es immer schwer, sie ziehen zu lassen. Der Tag des Abschieds verläuft fast immer gleich – auch dieses Mal war es so:

Der Tag der Übergabe war gekommen. Wir hatten uns lange darauf vorbereitet und die Koffer waren gepackt. Wir genossen noch ein letztes Mal die Morgenroutine. Ein letztes gemeinsames Frühstück. Dann klingelte es an der Haustür. Die neuen Eltern waren da. Wir vermeiden es meist, den Abschied unnötig zu verlängern. Jetzt heißt es: Kind anziehen, ein Segensgebet, ein Abschiedskuss. Die gepackten Koffer verschwinden im Auto. Der kleine Mensch wird angeschnallt und die Autotüren fallen zu. Mein Mann und ich stehen an der Haustür und winken tapfer, als das kleine Mädchen in ihr neues Leben davonfährt, das fast zweieinhalb Jahre Teil unseres Lebens gewesen ist. Kaum ist das Auto außer Sichtweite, fange ich hemmungslos an zu weinen. Mein Mann auch. Er ist nicht nah am Wasser gebaut, aber so ein Abschied ist hart. Wir gehen zurück ins Haus, in dem uns so vieles an den kleinen Menschen erinnert, der nun nicht mehr Teil unseres Lebens sein wird. Es wird nie mehr sein, wie es bis heute war.

Einen geliebten Menschen loszulassen, ist eine einschneidende Erfahrung. Wenn ich mit Menschen darüber ins Gespräch komme, treffe ich immer auf dieselbe Reaktion: »Das könnte ich nicht! Das wäre zu schmerzhaft.« Und ich gebe dir vollkommen recht. Es tut weh. Jedes Mal. Du fragst dich, warum wir uns dem dann immer wieder aussetzen? Es ist keine Entscheidung für den Schmerz, sondern für die Liebe. Wir haben uns dazu entschlossen, kleinen Menschen in einer kritischen Phase ihres Lebens unsere Liebe zu schenken. Wir wollen ihnen ein Zuhause geben. Wir schaffen einen Ort der Geborgenheit. Wir sind ihre Familie und lieben sie wie eigene Kinder. Und obwohl es auch mit Schmerz verbunden ist, weil wir sie irgendwann loslassen müssen, fühlen wir uns sehr beschenkt. Unsere Trauer über den Verlust offenbart nur, dass wir lieben – auch dieses Mal wieder.

Erlebst du deine Gefühle als Geschenk oder wünschst du dir manchmal, du hättest keine? Hast auch du gelernt, dass deine Gefühle trügerisch sind? Du sie kontrollieren musst? Dass sie stören und Unruhe in unser Leben bringen? Das ist nicht die Wahrheit. Unsere

Erlebst du deine Gefühle als Geschenk oder wünschst du dir manchmal, du hättest keine?

Gefühle bringen keine Unruhe – sie fordern uns nur auf wahrzunehmen, was bereits an Unruhe in uns steckt. Und das ist der erste Schritt, um zur Ruhe zu kommen.

Das Zentrieren[4]

Der nächste Schritt ist das Zentrieren. Nachdem der Töpfer den Ton vorbereitet hat, kann er sich an die Drehscheibe setzen. Doch bevor er sich daranmacht, das Gefäß zu formen, muss er den Tonklumpen zentrieren. Denn damit die Wände eines Gefäßes gerade und stabil nach oben wachsen können, muss der Ton sich absolut mittig drehen.

Dazu wirft der Töpfer das vorbereitete Stück Ton so zentral wie möglich auf die Drehscheibe und schaltet sie ein. Bei diesem Schritt dreht sich die Scheibe sehr schnell. Sobald der Töpfer seine feuchten Hände um den Ton legt, spürt er die Unruhe des Tons. Für diesen Teil der Arbeit benutzt er viel Wasser. Damit verringert er die Reibung, der Ton soll sich leicht drehen können.

Durch festen, beständigen Druck der beiden nassen Hände bringt der Töpfer den sich drehenden Tonklumpen zur Ruhe. Dazu zieht oder schiebt er ihn zur Mitte hin. Dieses Zentrieren ist schwerer, als es aus-

sieht, und gelingt nur, wenn der Töpfer selbst ruhig und fest bleibt.
Durch sanften, aber festen Druck der Hände zueinander wächst der
Ton immer wieder zu einem Kegel. Mit der Handkante wird er dann
wieder heruntergedrückt, bis er völlig zur Ruhe kommt.

Es ist ein erhebendes Gefühl, wenn die Hände völlig ruhig über dem
sich drehenden Tonklumpen liegen. Jetzt erst kann der Ton in die geplan-
te Form gebracht werden. **Jetzt ist der Ton bereit, dem Druck und der**
Bewegung der Hände zu folgen. *Seine Wände werden stabil bleiben.*

Unruhe, die von innen kommt

Sehnst du dich auch nach Ruhe in dieser sich ständig verändernden
Welt? Dann musst du deine Gefühle ernst nehmen. Sie offenbaren
dir deine innere Unruhe und geben dir Hinweise auf das, was dir
wertvoll ist, woran du glaubst und wofür du leben willst. Sie helfen
dir, deine Mitte zu finden, das heißt: herauszufinden, wie Gott dich
gemacht hat, und zu sein, wer du bist.

Gefühle sind ein Geschenk Gottes. Und so wie der Meistertöpfer
viel Wasser verwendet, um den Ton zur Ruhe zu bringen, schenkt
unser Töpfer unendlich viel Gnade, um uns Ruhe zu schenken –
aber dazu müssen wir zuerst unsere Gefühle anerkennen und ein
Stück weit aushalten.

Ja, auch ich kenne ihn gut, diesen bitteren
Schmerz, der vom Magen in den Hals kriecht
und das Atmen erschwert. Wie kann der eine
Gabe Gottes sein? Jahrelang habe ich daher
meine Gefühle immer so schnell wie möglich
zum Schweigen gebracht. Ich habe sie so lange
ignoriert, bis ich irgendwann nicht mehr wusste,
was mich ausmacht. Ich habe versucht zu tun, was von mir erwartet wurde, und dabei gelächelt, selbst wenn mir zum Heulen zumute
war. Um des lieben Friedens willen habe ich nicht angesprochen, was
mich verletzte. Sondern geschwiegen und gehofft, dass irgendjemand
erkennen würde, was ich wirklich brauche. Ich hatte mich von mei-

**Gott spürt das
Ungleichge-
wicht in meinem
Leben und wird
es zur Ruhe
bringen.**

nen eigenen Gefühlen so entfremdet, dass ich oft selbst nicht wusste, was ich brauche. Wie hätte es da jemand anders wissen sollen?

Daher habe ich mich entschieden, lebendig zu sein – mit all meinen Emotionen. Sie wahrzunehmen und ihnen auf den Grund zu gehen. Ich habe dem Meistertöpfer erlaubt, mich zu formen. Er spürt das Ungleichgewicht in meinem Leben und wird es zur Ruhe bringen, wenn ich nicht davonlaufe.

Beim Zentrieren übt der Töpfer sanften, beständigen Druck auf seinen Ton aus – spürst du manchmal auch den Druck der Hände deines Vaters im Himmel, die dich formen?

Welche Situationen in dir starke Gefühle auslösen, hat viel mit deinem Charakter zu tun. Aber auch mit deiner Geschichte, deinen Überzeugungen und den Erfahrungen, die du gemacht hast. Oft weisen Gefühle auch auf Verletzungen hin. Manche dieser Wunden brauchen viel Pflege, um heil zu werden. Dafür dürfen wir uns Zeit lassen. Geh diesen Weg nicht allein, sondern hole dir immer wieder treue Wegbegleiter, die mit dir durch die schmerzhaften Erfahrungen gehen.

Was mich auf diesem Weg überrascht hat, war diese Erkenntnis: Wo ich mir selbst erlaube, echt zu sein, erlaube ich anderen, dasselbe zu tun. Wenn ich mein Herz anderen Menschen öffne, wagen sie es auch. Diese Echtheit schafft eine Basis für Vertrauen und Gemeinschaft, die ich davor nicht kannte, aber ersehnt hatte.

Bittere Wurzeln

Lass uns nun noch mal an den Anfang des Kapitels zurückgehen: »Vor allem aber behüte dein Herz, denn dein Herz beeinflusst dein ganzes Leben« (Sprüche 4,23).

Der größte Feind unserer Herzen sind nicht die Gefühle. Nicht mal die schmerzhaften. Wie wertvoll sie sein können, habe ich versucht deutlich zu machen. Nein, was unserem Herz wirklich schadet, ist Bitterkeit. Davor müssen wir es schützen.

Nachdem Serge und ich Jesus unser Leben anvertraut hatten, heirateten wir. Wir hatten Hoffnung, dass wir miteinander glücklich werden können. Ein tiefer Wunsch von mir waren weitere Kinder. Leider wurde ich nicht schwanger. Stattdessen hatte ich jeden Monat starke Schmerzen. Jahrelang. Ich erinnere mich an meine Verzweiflung. Sie nahm mein Denken immer mehr ein. Warum verwehrte Gott mir diesen sehnlichen Wunsch?

Die Sehnsucht wurde so zentral, dass ich mich nach und nach nicht mehr mit anderen freuen konnte, die ein Baby erwarteten. Mit der Zeit vergaß ich sogar, mich an all dem zu freuen, was ich hatte. Ich sah nur noch, was mir fehlte. Ich fühlte mich beraubt.

So suchte ich Trost in der Bibel. Hanna, die Mutter des Propheten Samuel, wurde mir in diesen Jahren zu einer Verbündeten. Sie erinnerte mich daran, dass ich mit meiner Enttäuschung nicht alleine war. Leider wagte ich es nicht, anderen Frauen von meinen Gefühlen zu erzählen. Denn ich wollte der Traurigkeit keinen Raum geben. Ich überspielte sie und wurde immer einsamer. Dabei passierte genau das, was ich vermeiden wollte: Die Traurigkeit wurde zum Zentrum meines Denkens.

Enttäuschungen gehören zum Leben dazu. Mal bin ich von Gott enttäuscht, mal von mir selbst, meistens von anderen Menschen. Wie ich darauf reagiere, entscheidet darüber, wie ich daraus hervorgehe. Eines habe ich schmerzhaft lernen müssen: Wenn ich mein Enttäuschtsein und meine Trauer unterdrücke, erlaube ich diesen Gefühlen, mich zu bestimmen. Denn sie wachsen ungehindert weiter, setzen sich in meinem Herz fest und können so zu einer bitteren Wurzel werden.

> **Wie ich auf Enttäuschungen reagiere, entscheidet, wie ich daraus hervorgehe.**

Die biblische Geschichte von Hanna zeigt, wie Trauer sich in so eine bittere Wurzel verwandeln kann. Und wie Bitterkeit unser Leben vergiften kann.

≫ *Es war ein Mann namens Elkana, der lebte in Rama, ein Zufit vom Gebirge Ephraim. Er war der Sohn von Jeroham, der Enkel von Elihu und der Urenkel von Tohu, der ein Sohn des Ephraimiters Zuf war. Er hatte zwei Frauen, Hanna und Peninna. Peninna hatte Kinder, aber Hanna war kinderlos geblieben.*

1. Samuel 1,1-2

Hanna ist eine verheiratete Frau. Wir erfahren etwas später, dass ihr Mann sie liebt und achtet. Aber ein kleiner Nebensatz lässt erahnen, dass sie unglücklich ist: Sie hat keine Kinder. Ganz anders die zweite Frau ihres Mannes: Peninna hat viele Söhne und Töchter. In der damaligen Kultur waren Kinder ein Zeichen von Gottes Segen. Kinderlosigkeit wurde meist der Frau zugeschrieben und war verpönt. Peninna lässt Hanna daraufhin spüren, wie sehr sie ihre Kinderlosigkeit verachtet. (Ich vermutete damals, sie sehnte sich nach der Liebe Elkanas.) Jahre vergehen. Hanna wird nicht schwanger.

Zu den jährlichen Traditionen gehört, dass die Familie zu einem Opferfest im Tempel von Silo reist. Wir erfahren weiter:

>> *An dem Tag, an dem Elkana sein Opfer darbrachte, gab er Peninna und jedem ihrer Söhne und Töchter ihren Anteil am Opferfleisch. Hanna jedoch gab er ein besonderes Stück, weil er sie liebte und der Herr ihr keine Kinder geschenkt hatte. Doch ihre Nebenbuhlerin Peninna machte sich über sie lustig, weil der Herr sie kinderlos gelassen hatte. Jahr um Jahr war es dasselbe – Peninna verhöhnte Hanna, wenn sie zum Heiligtum des Herrn gingen, sodass Hanna weinte und nichts mehr essen wollte. »Warum weinst du, Hanna?«, fragte ihr Mann Elkana. »Warum isst du denn nichts? Warum bist du so traurig? Du hast doch mich – ist das nicht besser als zehn Söhne?«*

1. Samuel 1,4-8

Hannahs Schmerz hat sich ausgebreitet. Er macht sie unfähig, das Gute in ihrem Leben zu sehen – die Liebe ihres Mannes zum Beispiel. Gibt es einen solchen Schmerz auch in deinem Leben? Denkst du, Gott hat dich vergessen? Ich dachte es und ich vermute, Hanna dachte es auch. Durch ihre Zweifel an der Güte Gottes wurde der Kummer zu ihrer Identität. So war es auch bei mir. Die Gnade Gottes zu begreifen, bedeutet jedoch, darauf zu vertrauen, dass er es gut mit uns meint und uns gerne beschenkt. Das ist ja die Bedeutung des Wortes »Gnade«. Es ist ein unverdientes Geschenk, eine unverdiente Gunst, weil der Geber gut ist. So ändert sich Hannas Leben erst, als sie sich Gott und dem Priester anvertraut.

>> *Eines Tages, nachdem sie in Silo gegessen und getrunken hatten, ging Hanna zum Heiligtum des Herrn. Dort saß der Priester Eli am Platz neben dem Eingang. Hanna war ganz in ihren Kummer versunken und weinte bitterlich, während sie zum Herrn flehte. Sie legte ein Gelübde ab: »Allmächtiger Herr, wenn du mein Leid siehst und an mich denkst und mich nicht vergisst und mir einen Sohn schenkst, dann will ich ihn dir, Herr, geben. Sein ganzes Leben lang soll sein Haar niemals geschnitten werden.« Eli beobachtete sie, während sie lange Zeit zum Herrn betete. Er sah, dass ihre Lippen sich bewegten, aber er hörte nichts, weil Hanna nur im Stillen für sich betete. Er dachte deshalb, sie habe getrunken.*

1. Samuel 1,9-13

Eli denkt, Hanna sei betrunken. Es kann sein, dass du missverstanden wirst, wenn du deinen Schmerz zeigst. Lass dich trotzdem davon nicht abhalten, dich mitzuteilen. Traue dich, ehrlich zu sein, mit dir und anderen. Wem kannst du dich anvertrauen? Hanna wandte sich an einen Geistlichen. Das ist aber nur eine Möglichkeit. Auch in deinem Leben gibt es sicher Menschen, denen du vertrauen kannst. Bitte Gott darum, sie dir zu zeigen, und dann gehe den ersten Schritt.

Lass mich dir erzählen, wie es mit Hanna weiterging.

>> *»Musstest du betrunken hierher kommen?«, wollte Eli wissen. »Werde erst einmal wieder nüchtern!« »Nein, Herr!«, antwortete sie. »Ich bin nicht betrunken! Aber ich bin sehr traurig und habe dem Herrn mein Herz ausgeschüttet. Denk nicht, dass ich eine schlechte Frau bin! Ich habe aus großem Kummer und Leid gebetet.« »Dann geh in Frieden«, sagte Eli, »der Gott Israels wird dir deine Bitte, die du hast, erfüllen.« »Lass mich Gunst in deinen Augen finden!«, rief sie. Dann ging sie zurück und fing wieder an zu essen und sie war nicht mehr traurig.*

1. Samuel 1,14-18

Noch hat Hanna das Erbetene nicht bekommen, aber sie hat neue Zuversicht. Sie geht ihres Weges und isst wieder. Eli hat sie daran erinnert, dass Gott gut ist, und sie entschließt sich, ihm zu vertrauen. Vertrauen und Glauben ist ein und dasselbe Wort in Griechisch. Es ist eine Zuversicht, die uns befähigt weiterzugehen.

Teile deinen Schmerz, deine Not. Es gibt mindestens eine Person, bei der wir echt sein dürfen: bei unserem Vater im Himmel. Er versteht uns. Er begegnet uns freundlich. Er will uns Mut machen.

Ja, nicht immer erfüllt Gott uns unsere Wünsche. Es kann sehr schwer sein zu vertrauen, wenn andere das haben, wonach wir uns sehnen. Doch meine Erfahrung ist: Solange wir unser Glück von unseren Wünschen abhängig machen, werden wir nicht zur Ruhe kommen. Nur wenn die Beziehung zu Gott unsere Mitte ist, finden wir Ruhe für unsere Herzen. Wenn wir ihm unser Vertrauen schenken, können wir neu erkennen, was er uns bereits geschenkt hat. Sein Frieden schenkt unseren Herzen echte Ruhe.

Das sagt Jesus zu seinen Jüngern – und es gilt auch für uns heute –: »Kommt alle her zu mir, die ihr müde seid und schwere Lasten tragt, ich will euch Ruhe schenken. Nehmt mein Joch auf euch. Ich will euch lehren, denn ich bin demütig und freundlich, und eure Seele wird bei mir zur Ruhe kommen« (Matthäus 11,28-29).

Überlasse Gott deine Vorstellungen vom Leben. Er liebt dich. Er will dich beschenken, wenn auch oft anders, als du es erwartest. In der Zwischenzeit ist es wichtig, ehrlich zu sein. Stelle dich deinen Gefühlen und nimm sie als Geschenk aus Gottes Hand. Erlaube ihnen, dir deinen Schmerz zu offenbaren, und bringe ihn Gott. Er will deine Wunden heilen.

Die Bibel warnt uns nicht vor unseren Emotionen, aber sie warnt uns eindringlich vor den Wurzeln der Bitterkeit:

>> *Achtet darauf, dass niemand sich selbst von Gottes Gnade ausschließt! Lasst nicht zu, dass aus einer bitteren Wurzel eine Giftpflanze hervorwächst, die Unheil anrichtet; sonst wird am Ende noch die ganze Gemeinde in Mitleidenschaft gezogen.*

Hebräer 12,15; NGÜ

Was macht dich traurig, wütend, bitter? Behalte es nicht für dich. Bitterkeit ist wie Pfefferminze. Ich meine nicht so erfrischend, sondern so hartnäckig. Die Wurzeln der Pfefferminze durchwuchern den ganzen Garten und kommen an unerwarteten Stellen wieder hervor. So ist es auch mit den Gefühlen, die wir begraben. Sie kommen irgendwann wieder zum Vorschein und vergiften unsere Beziehungen.

Ja, ich finde es immer noch schwer, anderen gegenüber zu meinen unangenehmen Gefühlen zu stehen. Weil ich mich davor fürchte, für das abgelehnt zu werden, was in meinem Herzen ist. Ich möchte mich lieber von meiner besten Seite zeigen: entschlossen, entspannt, motiviert, sorglos. Mich zu zeigen, wie ich wirklich bin, erscheint mir riskant. Und es ist riskant. Wenn ich es aber nicht tue und anderen nur eine bestimmte Version von mir zeige, riskiere ich, mich zu verlieren.

Wenn Gott schmerzhafte Erfahrungen hervorholt, heißt das, er will sie heilen.

Stehe zu dir und deinen Gefühlen, dann gewinnst du an Wahrhaftigkeit. Authentizität und Verletzlichkeit sind beängstigend schwer und doch der einzige Weg zu echter Gemeinschaft mit Gott und mit meinen Mitmenschen.

>> *Was ist riskanter? Mich von dem zu lösen, was andere Menschen von mir denken, oder das zu verlieren, was ich fühle, was ich glaube und wer ich bin?*[5]

Brené Brown

Hast du starke Gefühle? Dann höre hin. Deine Gefühle sind bedeutungsvoll. Wenn Gott schmerzhafte Erfahrungen hervorholt, heißt das, er will sie heilen. Wie eine weise Person sagte: »Gott kann ein zerbrochenes Herz heilen, aber du musst ihm alle Teile bringen.«[6]

Jetzt wird's praktisch

Mir hilft die folgende Übung, für die ich mir immer dann Zeit nehme, wenn ich aufgewühlt bin und nicht verstehe, warum.[7] Du brauchst dafür weniger als zehn Minuten. Nimm dir einen Stift, ein Blatt Papier und dein Handy. Stelle den Timer bei jeder der vier Fragen auf zwei Minuten und beantworte die Fragen dann:

1. Was ärgert mich gerade?

....

....

....

Gut gemacht. Es ist wichtig, unsere Gefühle zu benennen. Sie offenbaren mehr, als wir denken. Verschweige oder übergehe ich sie, kann das dazu führen, dass ich das übergehe, was mich zutiefst ausmacht. Wir probieren das deshalb noch mal mit einer weiteren Frage.

2. Was macht mich zurzeit traurig? Wenn du dich nicht mit dem auseinandersetzen willst, was dich traurig macht, verstehe ich das. Aber deine Gefühle verlieren nicht an Kraft, wenn du sie ignorierst. Manchmal passiert sogar das Gegenteil. Erlaube dir also zu fühlen. Los geht's!

....

....

....

Bist du bereit für eine dritte Frage?

3. Was macht mir Sorgen? Ja, ich weiß. Jesus sagt, wir brauchen uns nicht zu sorgen. Aber die Bibel sagt auch: »Überlasst all eure Sorgen Gott, denn er sorgt sich um alles, was euch betrifft!« (1. Petrus 5,7). Und ich kann ihm nur die Sorgen überlassen, die ich kenne. Also schreibe sie dir vom Herzen.

....

....

....

Und der letzte Teil der Übung:

4. Was freut mich?

....

....

....

Im Anhang des Buches findest du eine Liste mit Gefühlswörtern (S. 183). Sie kann dir gute Dienste dabei leisten, deine Gefühle zu erkennen. Sie wird dir Klarheit verschaffen, wenn es dir schwerfällt, deine Gefühle zu benennen. Schauen wir uns ein paar Beispiele an:

- Bist du genervt und verstehst nicht, warum? Dann nimm die Liste zur Hand. Lies dir die verschiedenen Wörter langsam durch. Welches Gefühl kommt dem am nächsten, was du gerade empfindest? Wir können eine Vielzahl an Emotionen wahrnehmen.

Spüre nach und wähle die Begriffe aus, die dir am passendsten erscheinen.

- Du gehst einer Person aus dem Weg. Was fühlst du dabei? Vielleicht so: Du bist ärgerlich, bedrückt, bitter, empört, erschöpft, frustriert, traurig … Wenn man einem Menschen aus dem Weg gehen will, hat das immer einen Grund. Kennst du den Grund? Kannst du ihn auflösen? Willst du ihn lösen? Auch das sind hilfreiche Fragen.

- Du hast viel Zeit und Energie in eine Arbeit gesteckt. Doch keiner scheint sie zu bemerken. Was fühlst du dabei? Bist du verzweifelt, resigniert, irritiert, enttäuscht, zornig oder einsam?

Wenn du lernst, deine Gefühle wie Hinweisschilder zu beachten, wird es leichter, Verantwortung in Beziehungen zu übernehmen. Wohin zeigen die Hinweise? Könnte es sich bei der Situation um ein Missverständnis handeln? Nur wenn ich verstanden habe, was mich umtreibt, kann ich eine Lösung suchen. Es geht darum, auf dein Herz zu hören. Es wertzuschätzen und vor dem zu bewahren, was ihm wirklich und auf Dauer schaden kann.

Dafür nehme ich mir immer bewusst Zeit. Ich bringe meine Gefühle im Gebet vor Gott. Ich lade ihn ein, zu meinem Herzen zu sprechen. Ich reagiere auf das, was er mir zeigt, und gehe mutige Schritte.

Manchmal weist Gott mich dann auf einen Moment hin, der mich an das erinnert, was ich gerade erlebe. Kennst du das? Erlaube es ihm. Aber bleibe nicht dabei stehen. Frage deinen Vater im Himmel, ob du Vergebung brauchst oder ob du einer Person vergeben musst. Vergebung kann Wunden heilen. Bitte Gott, dich die aktuelle Situation mit seinen Augen sehen zu lassen. Sehr oft handelt es sich um ganz andere Voraussetzungen als bei der bereits erlebten Erfahrung. Deine Gefühle wahr- und ernst zu nehmen hilft dir dabei, deine Vergangenheit und deine Gegenwart zu verstehen. Dich selbst zu verstehen. ((Ende der Praxis-Teils))

Jesus – unser Partner in allen Gefühlen

Vielen fällt es leichter, ihrer Freude Ausdruck zu verleihen. Zumindest leichter als ihrer Enttäuschung oder Traurigkeit. Vermutlich geht es dir ähnlich. Aber es wird mit der Zeit immer einfacher. Vor allem, wenn wir merken, dass beides zusammengehört. Wie gesagt, ich habe lange versucht, mein Herz vor unangenehmen Gefühlen zu schützen. Aber auf diese Weise habe ich auch die Emotionen von mir ferngehalten, die Kraft schenken. Ja, es ist schmerzhaft, einen Menschen ziehen zu lassen, aber nur deshalb, weil geliebte Menschen unser Leben bereichern und es lebenswert machen und weil wir so stark für sie empfinden.

Das Gute daran, wenn wir unsere Gefühle im Gebet vor Gott bringen, ist, dass er weiß, wie es sich anfühlt, und wir damit nicht allein sind:

>> *Da Gottes Kinder Menschen aus Fleisch und Blut sind, wurde auch Jesus als Mensch geboren. Denn nur so konnte er durch seinen Tod die Macht des Teufels brechen, der Macht über den Tod hatte. Nur so konnte er die befreien, die ihr Leben lang Sklaven ihrer Angst vor dem Tod waren. Wir wissen ja, dass Jesus kam, um den Nachkommen Abrahams zu helfen, nicht den Engeln. Deshalb musste er in allem seinen Brüdern gleich werden, damit er vor Gott unser barmherziger und treuer Hoher Priester werden konnte, um durch sein Opfer die Menschen von ihrer Schuld zu befreien. Da er selbst gelitten und Versuchungen erfahren hat, kann er denen helfen, die in Versuchungen geraten.*

Hebräer 2,14-18

Jesus kennt die Freude und die Not, die wir in unserer Welt erleben. Er hat sie selbst erlebt. Darum ist er liebevoll und geduldig mit uns. Zögere nicht ihm zu sagen, wie es dir wirklich geht. Er weiß es, bevor du es aussprichst. Auf meine Frage, wozu wir dann noch beten sollen, wenn er es ja längst weiß, antwortete mir einmal ein guter Freund: weil Gebet das ist, was *wir* am nötigsten brauchen.

Ich bin mir sicher, dass er recht hat. Es hat etwas sehr Befreiendes, über unsere Gefühle zu sprechen.

Wir Menschen sind komplexe Wesen. Der Druck des Lebens bringt Gefühle ans Licht. Das ist normal. Kein Töpfer ist überrascht von der Unruhe eines Tonklumpens. Auch Gott ist nicht überrascht von dem, was unsere Herzen aufwühlt. Im Gegenteil, er rechnet damit. Er will dir helfen, zur Ruhe zu kommen. Vor ihm brauchst du deine Gefühle nicht zu verstecken. Also, wenn dein Herz sich meldet, dann schenke ihm deine Aufmerksamkeit. Es lohnt sich. Verletzungen hinter uns zu lassen, macht uns frei, um gute Entscheidungen zu treffen. Darum geht es im nächsten Kapitel.

> *Lieber Vater im Himmel,*
> *danke für meine Gefühle. Du hast sie mir zum Geschenk gemacht und ich will lernen, sie ganz neu wertzuschätzen. Lehre mich zu fühlen und zu spüren, was mir Not macht. Hilf mir auszuhalten, wenn etwas sich nicht gut anfühlt. Offenbare mir, was dahintersteckt und wie du mich geschaffen hast. Ich will lernen, zu dem zu stehen, was mir wichtig ist. Möchte ehrlich sein mit mir selbst, dir und anderen. Und ich will denen vergeben, die meine Gefühle verletzt haben. Denn du willst mich in die Freiheit führen und zur Ruhe bringen. Danke dafür.*
> *Amen.*

Vier
Das Fundament

Deine Entscheidungen sind bedeutungsvoll.

Deshalb werdet nicht müde zu tun, was gut ist. Lasst euch nicht entmutigen und gebt nie auf, denn zur gegebenen Zeit werden wir auch den entsprechenden Segen ernten.

Galater 6,9

Diese Worte von Paulus sprechen mich an. Selbstverständlich will ich das Gute tun. Und selbstverständlich will ich Segen ernten. Leider verliere ich im Alltag immer wieder den Blick dafür, wie ich das erreichen kann. Dass nämlich alle Entscheidungen, vor die ich gestellt werde, die Weichen sind, die meinem Leben Richtung geben. Das betrifft nicht nur die großen Entscheidungen. Nicht nur die Fragen, wen ich heirate, ob ich Kinder bekommen möchte oder welchen Beruf ich wähle, entscheiden, ob mein Leben segensreich ist. Sondern auch die vielen unscheinbaren Entscheidungen, zum Beispiel wie ich Dinge tue und wo meine Prioritäten sind.

Schon die Planung meiner Freizeit offenbart, was mir wirklich wichtig ist. Denn all das bringt mich meinem Ziel näher.

Gott hat uns Verantwortung gegeben. Sie ist ein Privileg und eine Aufgabe. Wir sind seine Partnerinnen und Partner, deshalb mutet er uns von Anfang an Entscheidungen zu. Er schenkt uns Freiraum und die Möglichkeit, ihn zu gestalten. Dabei hilft und berät er uns. Aber er wünscht sich auch, uns reifen zu sehen. Denn er meint es gut mit uns und mit den Menschen, die er durch uns segnen will.

Entscheidungen sind die Weichen, die meinem Leben Richtung geben.

Die erste Entscheidung, die wir treffen sollten, ist daher meiner Meinung nach:

> *Möchte ich Gott vertrauen oder will ich lieber selbst entscheiden, was gut für mich ist?*

Mit dieser Entscheidung fängt alles an – so war es auch zu Beginn unserer Zeit. In der Bibel können wir nachlesen, wofür die ersten Menschen sich entschieden haben.

» *Als es am Abend kühl wurde, hörten sie Gott, den Herrn, im Garten umhergehen. Da versteckten sie sich zwischen den Bäumen. Gott, der Herr, rief nach Adam: »Wo bist du?« Dieser antwortete: »Als ich deine Schritte im Garten hörte, habe ich mich versteckt. Ich hatte Angst, weil ich nackt bin.« »Wer hat dir gesagt, dass du nackt bist?«, fragte Gott, der Herr. »Hast du etwa von den verbotenen Früchten gegessen?« »Die Frau«, antwortete Adam, »die du mir zur Seite gestellt hast, gab mir die Frucht. Und deshalb habe ich davon gegessen.« Da fragte Gott, der Herr, die Frau: »Was hast du da getan?« »Die Schlange verleitete mich dazu«, antwortete sie. »Deshalb aß ich von der Frucht.«*

1. Mose 3,8-13

Wenn wir uns umschauen, stellen wir fest, dass wir es heute oft noch genauso machen. Die Nachrichten sind voll mit dem Leid, das wir Menschen einander zufügen. Länder bekriegen sich, auch Nachbarn und sogar Eheleute. Wir alle wollen das Gute, aber treffen so oft die falschen Entscheidungen. Doch obwohl wir seinen guten Rat immer wieder ausschlagen, gibt unser Schöpfer uns Menschen nicht auf. Seine Einladung, ihm und seiner Weisheit zu vertrauen, steht immer noch. Jeden Tag neu.

Entscheidungen bedeuten Verantwortung

Eigene Entscheidungen treffen zu dürfen, ist ein Zeichen von Wertschätzung. Aber ich muss wissen, dass jede meiner Entscheidungen Folgen hat. Darum ist jede von ihnen wichtig. Gute Entscheidungen zu treffen, hat mit Verantwortung zu tun – für mein Leben und für meine Mitmenschen. Und ich habe mehr Verantwortung, als mir bewusst ist. Wie sehr, erkenne ich oft erst hinterher.

Das wurde mir in einer Situation ganz besonders schmerzhaft bewusst: Als ich mit dem Vater meines ersten Sohnes anbändelte, war meine größte Sorge die, dass Serge dahinterkommen würde. Ich hatte zu keiner Zeit die Menschen vor Augen, die durch meine Schwangerschaft und meine Entscheidung, nicht mit dem Vater zusammenzubleiben, leiden würden: die Großeltern väterlicherseits, die zukünftige Frau dieses Mannes und seine potenziellen späteren Kinder. Auch Serges Eltern waren anfangs entsetzt von der Tatsache, dass er das Kind eines anderen aufziehen wollte. Und schließlich war da natürlich mein Sohn selbst. Sie alle leben bis heute mit den Folgen meiner Entscheidung.

Wer ich morgen sein werde, liegt zu einem großen Teil an mir. Meine Entscheidungen prägen die Richtung, in die mein Leben geht. Warum? Weil sie meinen Charakter prägen. Denn alles, womit ich mich beschäftige, prägt mein Denken und Fühlen.

Ich möchte mich daher nicht gedankenlos irgendwelchen Werten aussetzen, die ich nicht leben will. Liebesromane lesen zum Beispiel.

Das ist sicher nicht grundsätzlich verkehrt, solange mir bewusst ist, dass meine Ehe kein Fehler war, nur weil mein Mann und ich mit zahlreichen Herausforderungen zu kämpfen haben, die in diesen Büchern nicht vorkommen. Modezeitschriften sind nicht schlecht, aber die wenigsten von uns entsprechen dem gängigen Schönheitsideal, das sie uns suggerieren. Mich persönlich macht es unzufrieden, sie anzuschauen. Filme und Serien sind ein verlockender Zeitvertreib, aber möchte ich meine Zeit nicht bewusster dazu nutzen, Freundschaften zu leben oder an der frischen Luft zu sein?

> **Wenn ich in guten Zeiten an meinem Charakter arbeite, wird es mir in schweren Zeiten leichter fallen, gute Entscheidungen zu treffen.**

Auch bei unseren Entscheidungen geht es wie bei den Gefühlen darum, ehrlich und echt zu sein. Jede Entscheidung zur Notlüge stumpft mein Gewissen etwas mehr ab. Wenn ich aber in guten Zeiten an meinem Charakter arbeite, wird es mir auch in schweren Zeiten leichter fallen, gute Entscheidungen zu treffen. Deshalb sind selbst kleine Entscheidungen so bedeutungsvoll und es gilt, über folgende Frage nachzudenken: Wer möchte ich sein und wie möchte ich leben? Denn je mehr wir ein klares Bild von dem haben, was uns wichtig ist, und je häufiger wir unsere Entscheidungen danach fällen, desto fester wird die Grundlage unseres Lebens, unser Fundament. Und je klarer unser Fundament, desto einfacher wird es wiederum sein, aus dieser Lebensgrundlage heraus Entscheidungen zu treffen, die zu unseren Zielen passen. Unser Fundament gibt uns Halt. So ist es auch beim Töpfern ...

Das Fundament

Der Töpfer hat entschieden, welchen Zweck das neue Gefäß haben soll und welches Material er dafür braucht. Jetzt liegt der zentrierte Ton vor ihm auf der Drehscheibe. Wie geht es weiter?

Bevor er den Ton in die Höhe zieht, arbeitet er zunächst am Fundament. Das Fundament ist die Ausgangsposition. Es gibt dem Gefäß seinen Stand. Deshalb muss es zum Zweck und zur Form des Gefäßes passen und das Gewicht der Wände aushalten können.

Der zentrierte Tonklumpen dreht sich vor dem Töpfer auf der Scheibe. Er spürt mit dem Zeigefinger oder dem Daumen nach der Mitte und drückt in den Ton. Der weiche Ton gibt nach und es entsteht eine Vertiefung. Der Töpfer wird darauf achten, die Öffnung nicht zu tief werden zu lassen. Denn der Boden muss dick genug bleiben. Jetzt zieht der Töpfer die Öffnung mit seinem Finger von der Mitte aus zu sich hin. Der Ton bricht auf. Die Öffnung weitet sich.

Die Breite des Fundaments muss zum Endergebnis passen. Ist sie zu weit, verliert das Gefäß seine Form, ist der Fuß zu schmal, wird das Gefäß instabil. Hat die Öffnung die richtige Größe, wird der Boden verdichtet, das heißt, er wird mit dem Daumen festgedrückt. Denn nur ein stabiler Boden gibt dem Gefäß Halt.

Worauf steht mein Leben?

Auch ich brauche ein starkes Fundament. Ich muss wissen, wofür ich leben will und wohin meine Lebensreise geht. Daraus geht dann hervor, was in meinem Leben Platz haben soll. Und daran kann ich anschließend die vielen Entscheidungen meines Lebens ausrichten.

Meine Tochter wollte schon seit der Grundschule Hebamme werden. Für die Ausbildung musste sie dann entscheiden, in eine andere Stadt zu ziehen, ihre Freunde und Freundinnen und ihre Gemeinde zurückzulassen. Nach der Ausbildung möchte sie einige Zeit in die Mission gehen. Auch dieser Wunsch wird ihre weiteren Entscheidungen prägen.

Ich selbst wollte immer Mutter sein. Das war für mich unvereinbar mit einem Beruf außer Haus. Wir lebten daher zu sechst von einem bescheidenen Gehalt, aber ich liebte das Muttersein. Einige meiner Freundinnen hatten gute Berufe und deutlich mehr Geld zur Verfügung. Sie machten hin und wieder Städtetouren und reisten nur für eine Theatervorstellung oder einen Einkaufsbummel quer durchs Land, zum Beispiel nach Hamburg. Natürlich wäre ich gerne mitgegangen. Aber ich hatte mich dazu entschieden, Hausfrau zu sein. Beides gleichzeitig ging zu dieser Zeit nicht.

Wofür willst du leben? Hast du ein Ziel vor Augen?

Entscheidungen treffen zu können, ist ein Vorrecht. Es gibt uns Würde. Doch mit der Freiheit kommt auch die Verantwortung. Deshalb ist es so wichtig, unsere Richtung zu kennen, das Ziel unseres Lebens. Es ist wie eine Landkarte, an der wir uns ausrichten.

Wer möchtest du sein? Was soll dein Leben ausmachen? Hast du ein Vorbild? Dem wollen wir jetzt mit einigen Fragen auf die Spur kommen.

Jetzt wird's praktisch

Wer inspiriert dich? Und was ist es, was du an dieser Person besonders schätzt? Schreibe deine Gedanken hier auf.

....

....

....

....

....

Gute Erfahrungen lenken uns in bestimmte Richtungen. In meiner Jugendzeit gab es zwei Orte, an die ich jederzeit kommen konnte: zu einem meiner Jugendmitarbeiter und zu einer jungen Familie. Beide hatten ein offenes Haus und offene Herzen. Diese Erfahrung prägt meine Art zu leben bis heute.

Welche Begebenheiten aus deinem Leben haben dich nachhaltig geprägt, sodass sie deine Art zu leben bis zum heutigen Tag beeinflussen?

....

....

....

....

Sogar negative Erfahrungen haben Einfluss darauf, was uns wichtig ist, wofür wir leben möchten oder eben nicht. Bei mir hat vermutlich meine eigene Erfahrung, unerwartet schwanger zu werden, mit dazu beigetragen, dass ich heute als Bereitschaftspflegemutter arbeite. Wo hast du Erfahrungen gemacht, die dich nachhaltig geprägt oder die dich sensibilisiert haben für die Nöte anderer?

....

....

....

....

Wie Entscheiden und Vertrauen zusammenhängen

Als Christin möchte ich, dass meine Mitmenschen in meinem Leben die Güte und Freundlichkeit Jesu erkennen können. Ich wünsche mir, dass sie durch mein Leben Hoffnung bekommen und sehen, dass ein Neuanfang jederzeit möglich ist. Das ist mein Ziel, das ich vor Augen habe. An ihm messe ich meine Entscheidungen, auch die kleinen.

>> *Errettet werden wir aus Gnade, verändert werden wir durch Entscheidungen.*[8]

Brian Houston

Wir alle lieben Geschichten, die uns daran erinnern, dass es sich lohnt, gute Entscheidungen zu treffen und sich selbst treu zu bleiben, auch wenn der Weg schwer ist. Von der Lebensgeschichte von Josef, die uns in der Bibel erzählt wird, können wir auch, was Entscheidungen angeht, viel lernen. So lesen wir weiter, wie Josef schließlich zum Stellvertreter über ganz Ägypten eingesetzt wird:

>> *Und der Pharao sagte zu Josef: »Hiermit gebe ich dir Vollmacht über ganz Ägypten.« Dann steckte er ihm seinen königlichen Siegelring an den Finger. Er gab ihm kostbare Gewänder und legte ihm eine goldene Kette um den Hals. Außerdem stellte er Josef einen zweisitzigen Wagen zur Verfügung. Und wo immer er hinkam, ließ man ausrufen: »Werft euch vor ihm nieder!« So erhielt Josef die Vollmacht über ganz Ägypten.*

1. Mose 41,41-43

Wie kam es dazu, dass Josef eine solche Verantwortung bekam? Josef war als Sklave aus einem fremden Land gekommen. Er hat sich von seinen Schicksalsschlägen nicht abhalten lassen, seine Arbeit gut zu machen und seinen Vorgesetzten treu zu dienen. Trotzdem wurde er ins Gefängnis geworfen. Ich stelle mir vor, wie er nun dort sitzt und sich fragt, ob es sich gelohnt hat, das Richtige zu tun.

Josef gehört unsere Sympathie, trotz seiner Fehler. Warum? Wenn wir den Text aufmerksam lesen, erkennen wir, dass er an etwas glaubt. Josef hat ein Ziel. Und an seinen Entscheidungen wird sichtbar, welches das ist: Er will mit seinem Leben Gott ehren und vertraut ihm. Dieses Ziel behält er vor Augen und es prägt ihn. Und so verändern die vielen guten Entscheidungen trotz des schweren Weges nach und nach seinen Charakter. Sichtbar und spürbar für alle, mit denen er zu tun hat. Und Gott belohnt seine Treue.

Gottes Güte zu vertrauen, ist die wichtigste Entscheidung: sie bringt unser Herz zur Ruhe.

Was ich in der Story noch entdecke, ist das Wirken Gottes im Hintergrund. Menschen tun uns unrecht, das ist leider real, aber Gott hat Gutes im Blick. Ihm und seiner Güte zu vertrauen, ist deshalb die wichtigste Entscheidung. Sie bringt unser Herz zur Ruhe. Aus dieser Ruhe heraus ist es viel leichter, gute Entscheidungen zu treffen. Unser Fundament wird fest, wenn wir Entscheidungen im Vertrauen auf ihn treffen. Und darauf wird Gott aufbauen, denn er ist der Meistertöpfer.

Wir sehen bei Josef, wie Gott sich an seinen Entscheidungen freut. Er gibt ihm daraufhin noch größere Verantwortung. Verantwortung, die zu seinem Charakter passt. Josef wird zum zweitmächtigsten Mann in Ägypten. Aber das ist noch nicht das Ende der Geschichte. Als eine große Hungersnot über die Gegend kommt, wird er außerdem zum Retter und Versorger. Seine Brüder suchen Hilfe in Ägypten und Josef bekommt die Gelegenheit, ihnen seine Vergebung zu zeigen. Er versorgt sie und ihre Familien. So viel Segen!

>> *Dann kamen seine Brüder und fielen vor ihm nieder. »Wir sind deine Diener«, sagten sie. Aber Josef sagte zu ihnen: »Habt keine Angst vor mir. Bin ich etwa an Gottes Stelle? Was mich betrifft, hat Gott alles Böse, das ihr geplant habt, zum Guten gewendet. Auf diese Weise wollte er das Leben vieler Menschen retten. Habt also keine Angst. Ich selbst will für euch und eure Familien sorgen.« So beruhigte er sie und sprach freundlich mit ihnen.*

1. Mose 50,18-21

Es lohnt sich, die richtigen Entscheidungen zu treffen – auch wenn mein Leben, wie das von Josef, ganz anders verläuft, als ich es mir vorgestellt habe. Aber ich brauche Vertrauen in einen guten Gott und ich muss wissen, wofür ich leben will. Und dabei ist jede Entscheidung bedeutungsvoll.

Natürlich erleben wir alle auch Situationen, in denen unsere Entscheidungen infrage gestellt werden oder unerwartete Folgen haben. Bleiben wir dann trotzdem dabei?

Gibt es wichtige und unwichtige Entscheidungen?

Serge und ich laden gerne Menschen ein. Schon vor langer Zeit haben wir uns dazu entschieden, Menschen unser Haus und unser Leben zu öffnen. Die meisten kommen für ein leckeres Essen, andere bleiben Tage, Wochen oder länger. Eine wichtige Voraussetzung dafür ist Vertrauen. Wir haben Menschen vertraut. Dann jedoch wurden wir bestohlen. Es war ein recht großer Betrag, der uns nicht einmal selbst gehörte. Wir wussten, wer das Geld genommen hatte, aber die Person stritt alles ab. Ich war enttäuscht und wütend. Ich konnte nicht fassen, dass mein Vertrauen missbraucht worden war. In diesem Moment erschien es uns logisch, niemanden mehr in unser Haus zu lassen. Wir dachten darüber nach, einen Safe einzubauen oder zumindest das Schlafzimmer abzuschließen, wenn andere Menschen da waren.

Aber schon bald wurde uns bewusst, dass jede dieser Entscheidungen unser Leben verändern würde. Das Misstrauen würde uns verändern – weitaus mehr, als wir es uns vorstellen konnten. Nach dieser Erkenntnis war die Entscheidung nicht schwer. Wir wünschen uns Gemeinschaft. Doch Gemeinschaft wächst nur in einer Atmosphäre von Vertrauen. Darum blieben wir bei unserer Entscheidung: Wir würden Menschen auch weiterhin vertrauen. Raum für Gemeinschaft zu schaffen, ist uns wichtiger als unsere Angst.

Das war eine Entscheidung, die wir aus dem Glauben heraus trafen. Aber mein Herz brauchte mehr. Ich wollte es angesichts dieser tiefen Enttäuschung vor Bitterkeit bewahren. Da die Bibel uns ermutigt, diejenigen zu segnen, die uns Schaden zufügen, habe ich viele Monate lang für den jungen Mann gebetet. Die Polizei, die wir eingeschaltet hatten, konnte ihm nichts nachweisen. Und ich war entschieden, ihm nichts nachtragen zu wollen. Heute glaube ich, dass Gott mich durch diese Erfahrung liebevoller gemacht und mir geholfen hat zu erkennen, wofür ich leben möchte. Ich möchte Menschen Raum schenken, ihnen ohne Vorurteile begegnen und ihnen das Gefühl geben, willkommen zu sein.

Diese Episode gehörte zu den prägenden in meinem Leben. Wie aber ist das mit den anderen, unwichtigeren Entscheidungen? Gibt es überhaupt unwichtige Entscheidungen?

Wenn Jesus den Menschen von seinem Reich erzählte, gebrauchte er Bilder, die ihnen vertraut waren, oft aus der Natur. Denn viele geistliche Gesetze finden wir auch in der Natur. Eine besondere Lektion über scheinbar unwichtige Entscheidungen lerne ich von meinen Lilien:

Auf meiner Terrasse stehen zwei Töpfe mit Lilien. Jedes Jahr werden sie schöner und üppiger. In den ersten warmen Frühlingstagen tummeln sich stets leuchtend rote Krabbler in den Töpfen. Sie sind wunderschön anzusehen. Aber der Schein trügt. Wenn ich sie nicht absammle, legen sie ihre Eier auf der Unterseite der Blätter ab. Wenn dann die Lilien wachsen, tun das auch die Eier. Im Frühsommer schlüpfen die Larven der Käferchen und vernichten in schockierender Geschwindigkeit Blätter und Blüten der prachtvollen Pflanzen. Deshalb heißt es früh: wachsam sein und die kleinen hübschen Käfer absammeln.

Entscheidungen formen das Fundament unseres Lebens, auch die, die uns unwichtig erscheinen. Eine kleine Unwahrheit wirkt harmlos. Wen interessiert es schon, ob ich nun fünf oder sechs Stunden geschlafen habe? Und Tagträume schaden ja keinem. Oder doch? Was ich lese und welche Filme ich mir anschaue, ist allein meine Sache. Oder nicht? Wie spricht die Bibel darüber? Im Epheserbrief heißt es zum Beispiel: »Ich will vor Gott bezeugen, dass ihr nicht mehr leben sollt wie Menschen, die Gott nicht kennen und deren Denken ohne Sinn und Ziel ist« (Epheser 4,17).

Ein guter Baum trägt gute Frucht

Weil wir ein Ziel haben, macht es einen Unterschied, womit wir uns beschäftigen. Alles, womit wir unseren Geist füttern, wird unser Denken, Reden und Handeln verändern. Es entscheidet, welche Frucht in unserem Leben wächst.

>> *Ein guter Baum kann keine schlechten Früchte tragen und ein schlechter Baum keine guten. Man erkennt einen Baum an seiner Frucht. Feigen wachsen nicht an Dornensträuchern und Weintrauben nicht an Brombeerbüschen. Ein guter Mensch bringt aus einem guten Herzen gute Taten hervor, und ein böser Mensch bringt aus einem bösen Herzen böse Taten hervor. Was immer in deinem Herzen ist, das bestimmt auch dein Reden.*

Lukas 6,43-45

Jesus sagt, dass wir an unseren Worten und Taten erkennen können, wer oder was wirklich in unserem Herz regiert. Ich will seine Warnung ernst nehmen und auch bei den kleinen Entscheidungen überlegen, welche Frucht einmal aus ihnen entstehen wird. Das fängt schon bei meinen Gedanken an: Wer darf in mein Leben sprechen? Was säe ich in meine Gedanken und in mein Herz? Welcher Einfluss ist gut für mich?

Auch Paulus verstand die Auswirkungen des Denkens auf unser ganzes Sein und forderte seine Mitchristen und -christinnen auf, diese Dynamik zu verinnerlichen:

>> *Konzentriert euch auf das, was wahr und anständig und gerecht ist. Denkt über das nach, was rein und liebenswert und bewunderungswürdig ist, über Dinge, die Auszeichnung und Lob verdienen. Hört nicht auf, das zu tun, was ihr von mir gelernt und gehört habt und was ihr bei mir gesehen habt; und der Gott des Friedens wird mit euch sein.*

Philipper 4,8-9

Wenn ich mich mit dem guten Wort Gottes beschäftige, hat das Auswirkungen auf mein ganzes Leben. Erlaube ich seinem Wort, mich zu prägen? Mich zu lenken und zu korrigieren? Vertraue ich Gottes Wegen und seiner Wahrheit? Vertrauen wächst nicht über Nacht. Aber jeder Schritt in die richtige Richtung, jede Entscheidung, Gottes Wege zu gehen, ist wie ein Samen, den wir säen. Er wird Frucht tragen. Manchmal nach Wochen, oft erst nach Monaten oder nach Jahren. Daher gilt es immer wieder, unseren Blick in die Zukunft zu richten, auch in die ferne Zukunft, um hier und jetzt gute Entscheidungen zu treffen.

>> *Täuscht euch nicht! Macht euch klar, dass ihr Gott nicht einfach missachten könnt, ohne die Folgen zu tragen. Denn was ein Mensch sät, wird er auch ernten. Wer nur nach seinen sündigen Neigungen lebt, wird sich damit selbst zugrunde richten und schließlich den Tod ernten. Aber wer lebt, um dem Geist zu gefallen, wird vom*

Geist das ewige Leben erhalten. Deshalb werdet nicht müde zu tun, was gut ist. Lasst euch nicht entmutigen und gebt nie auf, denn zur gegebenen Zeit werden wir auch den entsprechenden Segen ernten.

Galater 6,7-9

Wir alle kennen das Prinzip. Wir säen das, was wir ernten wollen. Ich liebe zum Beispiel Tomaten mit Basilikum. Deswegen säe ich logischerweise im Frühling Tomaten- und Basilikumsamen.

Was möchtest du in deinem Leben ernten? Dann weißt du, was du säen musst.

Ein anderes Bild ist das vom Steuermann, sagen wir eines Hochseedampfers. Verändert er die Richtung um nur einen Grad, kommt das Schiff nach Hunderten von Seemeilen an einem völlig anderen Ort an.

Unsere Entscheidungen sind bedeutungsvoll, weil sie Schritte auf dem Weg zum Ziel sind. Was du heute bist, ist das Ergebnis von lang zurückliegenden Entscheidungen. Und die Entscheidungen, die du heute triffst, beeinflussen deine Zukunft. Sie tragen wie ein Samen deine Zukunft schon in sich.

Deshalb entscheide heute, wer du morgen sein willst. Denn unser Vater im Himmel traut uns viel zu. Entscheidungen haben Macht, auch die kleinen. Sie führen zu der Frucht, die wir ernten, oder an den Ort, den wir mit unserem Schiff erreichen wollen.

Jetzt wird's praktisch

An welchen guten Entscheidungen der Vergangenheit darfst du dich heute erfreuen?

....

....

....

....

....

Was du in einigen Jahren ernten willst, wirst du heute säen müssen. Schreibe auf, welche Früchte du in den kommenden Jahren in deinem Leben sehen möchtest. Dann überlege dir, welche konkreten Schritte du heute dafür gehen solltest.

....

....

....

....

....

....

Triff gute Entscheidungen für dein Leben. Umgib dich mit Menschen, die dich inspirieren, die Dankbarkeit leben, Glauben haben. Lerne von ihnen. Und vergiss nicht: Weisheit kommt nicht über Nacht. An dem Fundament unseres Lebens bauen wir jeden Tag.

Lass diese Erkenntnis nun praktisch werden. Ich gebe dir dazu ein Beispiel von mir: Vor einigen Jahren stellte ich fest, wie verstimmt ich jedes Mal war, nachdem ich mich im Internet oder in Prospekten nach Damenmode umgesehen hatte. Auch wenn ich eigentlich nichts Neues brauchte, blickte ich immer mal wieder rein und war danach regelmäßig unzufrieden. Ich habe daraufhin sämtliche Online- und Print-Kataloge aus meinem Leben verbannt. Vielleicht ein bisschen radikal, aber es war äußerst befreiend.

Was möchtest du aus deinem Leben aussortieren? Bedenke: Jedes Nein ist dabei auch ein Ja zu etwas anderem, etwas Gutem. Sei mutig. Schaue auf dein Ziel.

Vater,
ich danke dir, dass du mein Fundament sein willst. Danke, dass du
Gutes für mich geplant hast und vertrauenswürdig bist. Lehre mich,
weise zu entscheiden, wem und was ich in meinem Leben Raum gebe.
Lehre mich, deinem Wort zu glauben und danach zu handeln. Zu
verstehen, wie du über das Leben und über mich denkst. Mögen deine
Wahrheiten mein Leben prägen und alle meine Entscheidungen leiten,
wie unwichtig mir diese auch vorkommen. Danke, dass ich ein
Meisterwerk aus deiner Hand bin.
Amen.

Fünf
Das Hochziehen und Haltgeben

Deine Werte sind bedeutungsvoll.

*Ich kann mir nichts vorstellen,
das uns mehr voranbringt, als uns darüber
klar zu werden, was unsere Werte sind
und woher sie kommen.*[9]

Dr. Brené Brown

Jetzt geht es noch einmal um unsere Gefühle, aber wir gehen noch einen Schritt weiter. Ich wünsche mir, dass du deine Gefühle als ein großartiges Geschenk erkennst. Dass du dich nicht nur mit ihnen versöhnst, sondern dich sogar mit ihnen anfreundest. Nicht nur, weil sie – darum ging es in Kapitel 3 – dich dafür sensibilisieren, worauf du achten sollst, sondern auch, weil sie dich auf deine Werte aufmerksam machen.

Als ich Serge 1986 kennenlernte, war ich achtzehn Jahre alt. Unsere Beziehung war von Anfang an sehr turbulent, denn unsere Temperamente und Vorstellungen vom Leben hätten unterschiedlicher nicht sein können. Aber als wir 1992 heirateten, waren wir uns dennoch in wesentlichen Punkten einig. Einer davon: Treue. »In guten wie in schlechten Zeiten«, versprachen wir uns.

Ich rechnete mit Schicksalsschlägen, die unsere Ehe von außen bedrohen würden. Nicht hingegen rechnete ich mit den vielen kleinen Verletzungen im Alltag, die uns immer weiter auseinanderbrachten. Da wir unterdessen zum Glauben gekommen waren, dachte ich wirklich, wir würden diese schnell hinter uns lassen können. Und ja, wir managten unser gemeinsames Leben, wir funktionierten. Von außen wirkten wir für viele wie das perfekte Paar. Aber unsere Herzen waren viel zu weit voneinander entfernt. Wir waren gemeinsam einsam.

> **Ich glaubte an die Treue. An Ehrlichkeit in der Ehe. Dafür wollte ich einstehen.**

Ich liebte meinen Mann, gleichzeitig vermisste ich echte Nähe und gute Gespräche mit ihm. Am allermeisten vermisste ich sein Interesse an mir – an den Dingen, die mir Sorgen machten, aber auch an dem, was mich begeisterte. Dann begegnete ich in unserem Bekanntenkreis einem Mann, der anders war. Er zeigte deutlich mehr Interesse an meinen Gedanken und Gefühlen als mein Ehemann. Das gefiel mir. Eines Tages wurde mir klar, dass er mir mehr bedeutete, als gut für mich war. Darüber war ich tief erschüttert und beschämt. Zu Beginn versuchte ich, die Empfindungen zu ignorieren. Aber leider gelang es mir nicht. So betete ich, doch die Gefühle verschwanden einfach nicht. Ich war verwirrt. Wie konnte mir so etwas passieren? Trotz meiner Scham vertraute ich mich einer guten Freundin an. Sie fragte mich, was ich tun würde. Genau hier kamen meine Werte ins Spiel.

Bei unserer Hochzeit hatte ich Serge versprochen, ihm treu zu sein. Zu diesem Versprechen wollte ich stehen. Ich war entschieden, mich nicht von meinen aktuellen Gefühlen dazu verleiten zu lassen, meinen Mann zu betrügen oder gar zu verlassen. Auch wenn ich in meiner Ehe einsam war, wollte ich nicht davonlaufen, sondern für das kämpfen, an das ich glaubte. Ich glaubte an die Treue. An Ehrlichkeit in der Ehe. Ich glaubte auch, dass Gott es belohnen würde, wenn wir nicht aufgeben. Ich war überzeugt, dass er uns die Vertrautheit schenken würde, nach der ich mich sehnte, wenn wir uns nicht trennen. Dafür wollte ich einstehen.

Meine Freundin ermutigte mich dazu, Serge einzuweihen. Natürlich fürchtete ich mich vor seiner Reaktion, aber es war ein guter Rat. Mein Mann war sichtlich erschüttert. Es tat weh, seinen Schmerz zu spüren, aber glücklicherweise wollte auch er mit mir zusammen in unsere Beziehung investieren. Wir baten ein befreundetes Ehepaar, uns zu begleiten. Es folgte eine Zeit des ehrlichen Austausches. Sie halfen uns, mithilfe von guten Fragen über unsere Gefühle und Werte zu sprechen. Wir sprachen auch darüber, wie es dazu hatte kommen können, dass ich Bestätigung außerhalb unserer Ehe gesucht hatte.

Wir lernten zuerst, ehrlicher mit uns selbst zu sein und zu unseren Gefühlen zu stehen. Dann versuchten wir, besser miteinander zu kommunizieren. Wir übten uns darin, besser hinzuhören, unsere Wertschätzung praktisch zu zeigen und einander wirklich zu vergeben. Meine Zuneigung zu dem anderen Mann verschwand nicht über Nacht. Es war ein Prozess. Aber die Vertrautheit zwischen Serge und mir konnte neu wachsen und damit auch unsere Gefühle füreinander. Wir beide erlebten eine neue Tiefe und Nähe. Erst Jahre später wurde uns klar, wie wesentlich unsere Entscheidung zur Treue uns davor bewahrt hatte aufzugeben. Dafür bin ich zutiefst dankbar.

Werte gilt es zu schützen. Und manchmal schützen sie uns.

Ein wesentlicher Faktor, um unsere Werte zu erkennen, sind unsere Gefühle. Und zwar besonders aufgewühlte Gefühle.

Im Meer der Emotionen

In meinem Leben gibt es Situationen, in denen es sich anfühlt, als würden meine Gefühle mir in den Rücken fallen. Ich fühle mich von ihnen verraten. Es sind Momente, in denen ich verletzt und verunsichert bin, obwohl ich eigentlich über den Dingen stehen möchte. An solchen Tagen habe ich den Eindruck, ich bin meinen Gefühlen hilflos ausgeliefert. Kennst du das? Wie aber sollen wir gute Entscheidungen treffen, wenn wir verwirrt und aufgewühlt sind?

Gute Entscheidungen sind Entscheidungen, die im Einklang stehen mit dem, was wir sind und wie wir leben wollen. Sie spiegeln unsere Werte wider. Was meine ich mit Werten? Werte sind die Regeln, nach denen wir leben, ohne darüber nachzudenken. Wir alle haben Werte. Und wir brauchen sie, auch wenn wir oft zu selten bewusst über sie nachdenken. Wenn wir nun in einer Situation empfindlich oder überreizt reagieren, könnte es sein, dass jemand unsere Werte übergangen hat.

An die folgende Episode kann ich mich noch gut erinnern: Ich war seit einigen Jahren Sängerin im Musikteam unserer Kirchengemeinde. Unser Lobpreisleiter hatte geplant, eine CD aufzunehmen. Im Stillen hatte ich gehofft, Teil derer sein zu dürfen, die auf der Aufnahme singen. Als ich erfuhr, dass die Rollen längst vergeben waren, spürte ich einen stechenden Schmerz in meinem Herz. Zuerst verdrängte ich ihn. Als ich aber am kommenden Sonntag die Lobpreisband spielen sah, nahm meine Enttäuschung mich ganz ein. Ich versuchte, sie zu ignorieren, doch meine Gefühle verdrängten jeden Gedanken an Lobpreis.

Die Sache quälte mich. Einerseits war ich enttäuscht, weil ich so gerne auf der CD mitgesungen hätte. Anderseits ärgerte ich mich darüber, dass ich nicht gelassener darauf reagieren konnte. Also über mich selbst. Denn ich erwarte eigentlich von mir, dass ich über solchen Dingen stehen kann. Meine Unfähigkeit, gelassen und selbstsicher auf dieses Erlebnis zu reagieren, schien zu bestätigen, dass ich keine ausreichende Reife hatte. Ich fühlte mich daher von meinen eigenen Gefühlen verraten. Als mir schließlich klar wurde, dass meine Gefühle nicht einfach verschwinden würden, entschied ich mich, mich ihnen zu stellen und ihnen meine Aufmerksamkeit zu schenken. Dazu zog ich mich am nächsten Morgen an meinen Schreibtisch zurück und bat Gott, mir zu helfen. Ich wollte verstehen, warum mir die gefühlte Zurückweisung so wehtat.

Also nahm ich die Liste mit den Gefühlswörtern zur Hand. Ich ging die Wörter durch und bat den Heiligen Geist, mir zu zeigen, was ich tatsächlich fühlte. Die Begriffe, die ich wählte, waren Scham und

Verunsicherung. Ich spürte gleichzeitig, dass mir dieser Stich im Herzen nicht fremd war – denn es war nicht das erste Mal, dass ich mich übergangen fühlte. Die Frage, die an mir nagte, war: »Habe ich etwas falsch gemacht? Bin ich einfach nicht gut genug? Oder gibt es einen anderen Grund für die Entscheidung des Lobpreisleiters?« Ich nahm mir Zeit, all diese Gedanken in mein Tagebuch zu schreiben. Denn das Formulieren hilft mir, Ordnung in meine Gedanken zu bringen. Beim Schreiben wurde mir klar: Ich ärgerte mich am meisten darüber, dass ich von der CD und der Auswahl der Sänger und Sängerinnen nicht direkt erfahren hatte. Aber warum frustrierte mich das so?

Im Gebet lenkte der Heilige Geist meine Gedanken schließlich auf meine Werte. Einer davon ist Vertrauen in Leiterschaft. Dieses Vertrauen ist für mich Ausdruck meines Vertrauens auf Gott. Weil Gott meine Gaben nutzen will, vertraue ich darauf, dass er einen guten Plan und Platz für mich hat – und die leitenden Personen einer Kirche oder Gemeinde helfen häufig dabei, diesen zu finden. Deshalb möchte ich ihnen vertrauen.

Ein anderer Wert ist für mich offene und direkte Kommunikation. Ich fühle mich respektiert, wenn man offen mit mir spricht. Es fällt mir viel leichter, ein Nein zu akzeptieren, wenn ich verstehe, warum eine bestimmte Entscheidung getroffen wurde. Wenn das Gespräch ausbleibt, stelle ich mich, oft unnötigerweise, infrage.

Diese Erkenntnis war hilfreich: Mein größter Schmerz beruhte also auf dem Unverständnis darüber, wie es zur Auswahl der Beteiligten gekommen war. Ich fühlte mich nicht wertgeschätzt, weil mir diese Information fehlte. Das zu erkennen, versöhnte mich mit mir selbst. Denn dass ich das offene Gespräch schätze, ist ein guter Wert. Er sagt etwas über mich aus. Nur: Wenn ich selbst versuche, bewusst zu kommunizieren, gut zu informieren und Unklarheiten zu beseitigen, heißt das noch nicht, dass ich das auch von anderen einfordern kann. Es erklärt mir aber, warum mich diese Situation so plagte.

Also suchte ich das Gespräch mit unserem Lobpreisleiter. Er erläuterte mir, wie es zu seiner Auswahl gekommen war. Das war sehr hilfreich für mich. Danach konnte ich das Thema loslassen. Hätte ich meine Gefühle weiterhin verdrängt, wäre der Ärger über mein scheinbares Unvermögen weitergewachsen. Das hätte mich nicht nur viel

Kraft gekostet, es hätte auch die Beziehung belastet. Stattdessen hat mich die Erkenntnis darüber, dass ich gute Werte habe, für die es sich lohnt einzustehen, motiviert und mich stärker gemacht.

Es gilt daher, unsere Werte zu kennen. Sie zeigen, was uns wertvoll ist, und geben unserem Leben Halt. Nur wenn wir sie kennen, können wir auch wahrnehmen, wenn sie übergangen werden, und dann gute Entscheidungen treffen. Und es sind fast immer die Gefühle, die wir so gerne vermeiden möchten, die uns darauf hinweisen.

Nur wenn wir unsere Werte kennen, können wir auch wahrnehmen, wenn sie übergangen werden.

Kennst du deine Werte? Sie haben viel damit zu tun, wie du die Dinge tust und warum. Welche Werte dein Leben prägen, ist etwas sehr Persönliches. Es ist Teil davon, wie Gott dich erschaffen hat, und von deiner Geschichte als sein Meisterwerk.

Das Hochziehen und Haltgeben

Alle bisherigen Schritte haben den Ton für den Schritt vorbereitet, der jetzt ansteht: das Hochziehen. Erst jetzt sieht man als außen stehende Person, dass hier ein Gefäß entstehen soll. Beide Hände des Töpfers arbeiten zusammen. Die eine hält die Außenseite, die andere gibt von innen Halt. Manche Töpfer benutzen auch den Klammergriff und halten Zeigefinger und Mittelfinger derselben Hand so, dass der Ton zusammengedrückt wird.

In jedem Fall wird Druck ausgeübt. **Durch den Druck wächst die Wand des Gefäßes in die Höhe.** Je mehr Material der Töpfer dafür zur Verfügung hat, desto höher kann das Gefäß werden. Aber er muss sehr genau darauf achten, dass die Wand nicht zu dünn wird, sonst fällt sie in sich zusammen. Auch die Art des Tons – darum ging es im ersten Kapitel – entscheidet darüber, wie hoch ein Gefäß werden kann.

Der Töpfer arbeitet die Wände in mehreren Schritten heraus. Er fängt immer von unten an, holt von dort das vorhandene Material mit den Fingerspitzen nach oben und zieht die Wand höher. Seine Hände sind währenddessen ruhig und führen den Ton.

Wie Gott uns aufbaut

Wenn der Meistertöpfer mein Leben formt, sieht das ähnlich aus wie beim Hochziehen im Töpferprozess: Er fängt unten an, am Fundament, das heißt mit meinen Werten. Dabei kennt er sein Material und dessen Eigenschaften ganz genau, denn er hat es von Anfang an geplant. Beim Töpfern wird für größere Gefäße beispielsweise Schamotte verwendet. Es besteht aus fein vermahlenem, bereits gebranntem Ton. Ich stelle mir vor, wie meine Entscheidungen und meine Erfahrungen zum festen Bestandteil meiner Persönlichkeit werden. Sie prägen meine Werte, die mir dann im Verlauf meines Lebens Halt geben. Und genauso wie der Töpfer das Gefäß von innen und von außen hält, gibt der Meistertöpfer mir Halt – durch meine eigenen ganz persönlichen Werte und die der Bibel. Beide gehen Hand in Hand und gehören zum Material, das der Meistertöpfer nutzen kann.

Und wie beim Töpfern werden die Werte in unserem Leben auch unter Druck erst richtig offenbar. Es wird offenbar, wie fest und klar sie sind. Sind sie unklar, ist es wie bei zu dünnen Wänden eines Gefäßes – es ist unter Druck wenig belastbar. Doch je klarer meine Werte sind, je dicker die Wände, desto stabiler und belastbarer bin ich, weil ich mich kenne und auch in schwierigen Situationen gute Entscheidungen treffen kann.

Wo kommen unsere Werte eigentlich her? Unsere Herkunftsfamilie spielt dabei eine große Rolle. Wie die Dinge zu Hause gemacht wurden, übernehmen wir ganz selbstverständlich. Später sind es unsere Freundschaften und die gesellschaftlichen Kreise, in denen wir aufwachsen, die unsere Werte formen. Auch das Wort Gottes formt sie, wenn wir ihm Raum geben. Werte sind sozusagen unsere Grundeinstellung. Sie sind uns so vertraut, dass wir sie meist nicht beachten.

Einige meiner Werte sind – vielleicht ohne dass es mir bewusst ist – typisch deutsch, weil ich in Deutschland aufgewachsen bin. Ehrlichkeit zum Beispiel. Ich sage die Wahrheit, ganz egal, wer vor mir steht, sei es meine Nachbarin oder ein Polizist. Ich gebe der Kassiererin das Geld zurück, wenn sie mir zu viel herausgegeben hat, auch wenn ich es gerade gut gebrauchen könnte. Ich gebe zu, wenn ich etwas kaputt gemacht habe, und schiebe die Schuld niemand anderem in die Schuhe.

Auch Pünktlichkeit ist ein solcher Wert. Ich plane meine Zeit ein und gehe rechtzeitig los, um mein Gegenüber nicht warten zu lassen, weil ich auch seine Zeit respektiere. Oder Höflichkeit – ein guter Wert. Danke und Bitte zu sagen, gehört für mich dazu. Ebenso, mein Gegenüber ausreden zu lassen oder in einer Schlange nicht zu drängeln.

> **Je klarer meine Werte sind, desto stabiler und belastbarer bin ich.**

Neben den Werten, die uns mitgegeben wurden, gibt es auch die, die wir übernommen haben, weil sie Teil einer Entscheidung sind. Als ich meinen Mann geheiratet habe, habe ich mich – wie oben beschrieben – dazu entschieden, ihm treu zu sein. Eben auch dann, wenn wir durch eine Phase gehen, in der wir mehr Herausforderungen haben als Glücksgefühle. Treue ist der Wert, der meiner Ehe Halt gibt.

Natürlich hat auch mein Glaube meine Werte beeinflusst. Gott wünscht sich Vertrauen von mir. Ganz besonders in Zeiten, in denen ich seine Wege nicht verstehe oder er meine Gebete scheinbar nicht hört. Vertrauen in seine Güte gibt meinem Herzen Halt. Ein weiterer

Wert, der aus meinem Glauben kommt, ist Großzügigkeit. Weil Gott versprochen hat, mich zu versorgen, will ich großzügig sein – mit meiner Zeit und meinem Geld. Und weil er mir so bereitwillig vergibt, möchte auch ich großzügig vergeben.

Deine Werte machen dich zu einem einzigartigen Meisterwerk. Ich möchte dich daher einladen, dem Meistertöpfer zu vertrauen. Im Laufe deines Lebens wird er dich in Situationen führen, die dir deine Werte bewusst machen

> **Deine Werte machen dich zu einem einzigartigen Meisterwerk.**

sollen. Deine Gefühle helfen dir dabei. Das heißt konkret: Wenn sich deine Gefühle unangenehm bemerkbar machen, durch Ärger, Enttäuschung oder Verunsicherung, dann frage dich, ob jemand deine Werte ignoriert hat. Denn wir haben nicht alle dieselben Werte und gerade diese Unterschiedlichkeit sorgt für Konflikte. Das folgende Beispiel aus der Bibel macht deutlich:

Unsere Werte sind verschieden – und das ist gut so

In der Geschichte von Abram und seinem Neffen Lot können wir sehen, welche Bedeutung unterschiedliche Werte für uns und unsere Beziehungen haben.

Abram war auf Gottes Geheiß hin in ein neues Land gezogen. Gott hatte ihm versprochen, dass er ihn segnen würde, und diese Verheißung wurde Wirklichkeit. Er und sein Neffe Lot hatten mittlerweile so viel Vieh, dass ihre Herden zu groß geworden sind, damit alle an ihrem jetzigen Wohnort genug Futter finden konnten. Es gibt daher Streit unter den Hirten. Abram und Lot sprechen darüber, wie sie die Situation lösen wollen:

>> *»Dieser Streit zwischen dir und mir und zwischen deinen Hirten und meinen Hirten muss ein Ende haben«, sagte er (Abrahm). »Schließlich sind wir miteinander verwandt! Es ist besser, wenn wir uns trennen. Das ganze Land liegt vor dir. Wenn du nach links ziehen willst, werde ich nach rechts ziehen. Gehst du jedoch nach rechts,*

werde ich mich nach links wenden.« Lot schaute sich die fruchtbare Ebene des Jordantals an, die sich nach Zoar hin erstreckte. Denn bevor der Herr Sodom und Gomorra zerstörte, war das ganze Gebiet gut bewässert, wie der Garten des Herrn oder Ägypten. Deshalb wählte Lot das Jordantal. Sie trennten sich voneinander und Lot zog nach Osten. Während Abram im Land Kanaan blieb, ließ Lot sich in der Gegend der Städte der Jordanebene nieder und zog mit seinen Zelten bis in die Nähe von Sodom.

1. Mose 13,8-12

Warum überlässt Abram, der Ältere, seinem Neffen die Entscheidung darüber, in welches Gebiet er ziehen will? Warum überlässt er ihm die fruchtbare Ebene? Ich vermute, das hat mit seinen Werten zu tun. Gott hatte ihm seinen Segen versprochen. Abram rechnete daher mit Gottes Treue und Versorgung. Das machte ihn großzügig.

Unsere Werte entscheiden darüber, wie wir uns verhalten – vor allem dann, wenn keiner hinsieht.

Unsere Werte entscheiden darüber, wie wir uns verhalten – gerade dann, wenn keiner hinsieht. Sie sind der Rahmen, der uns auch in stürmischen Zeiten Halt gibt. Und sie offenbaren, wer wir sind und wer wir sein wollen. Sie spielen eine entscheidende Rolle dabei, wie wir Beziehung leben. Das habe ich nicht nur in meiner Ehe sehr eindrücklich erlebt. Sogar im täglichen Miteinander hilft es mir, wenn ich meine Werte vor Augen habe.

Wenn es zum Beispiel um Pünktlichkeit geht, gerate ich mit anderen immer wieder in Konflikte. Ein Klassiker. Maik – so nennen wir ihn einfach mal – kommt regelmäßig zu spät und das ärgert mich. Ich bin empört, weil er meine kostbare Zeit vergeudet. Seine Botschaft an mich scheint eindeutig: Er respektiert meine Zeit nicht. Er respektiert mich nicht. Während es für mich selbstverständlich ist, alles daranzusetzen, pünktlich zu sein, muss ich regelmäßig auf ihn warten. Und während ich natürlich anrufe, wenn ich mal zu spät dran bin, entschuldigt er sich nicht einmal. Meistens merkt er gar nicht, dass er zu spät ist.

Zuerst bin ich bloß verstimmt. Doch als es immer häufiger vorkommt, bin ich aufgebracht. Das muss sich ändern! Maik muss sich ändern! Denn das hier ist ja ganz klar sein Problem. Bevor ich das Gespräch mit ihm suche, nehme ich mir Zeit zum Beten. Und Gott lenkte meine Aufmerksamkeit auf meinen Wert Pünktlichkeit. Für mich ist Pünktlichkeit Ausdruck von Verlässlichkeit und Respekt. Mein Ärger ist also verständlich. Ich bitte Gott jetzt um seine Perspektive. Diesmal lenkt er meinen Blick auf Maiks Werte.

Das hat mich echt umgehauen: Maik liebt es, Zeit mit Menschen zu verbringen. Er ist dann ganz im Hier und Jetzt. Seine Werte sind Aufmerksamkeit und Präsenz. Was *mir* also vorkommt wie Respektlosigkeit mir gegenüber, ist lediglich seine Gabe, der Person, mit der er gerade zusammen ist, seine ungeteilte Zeit und Aufmerksamkeit zu schenken.

Diese Erkenntnis hat unsere Beziehung gerettet. Ich habe Maik angesprochen. Der Anfang unseres Gesprächs klang ungefähr so: »Maik, jedes Mal, wenn du zu spät kommst, bin ich gekränkt. Pünktlichkeit ist für mich ein Ausdruck von Wertschätzung. Und Unpünktlichkeit wirkt auf mich wie Respektlosigkeit. Aber ich schätze es, dass du alles andere ausblenden kannst, wenn du mit Menschen im Gespräch bist. Wäre es dennoch möglich, mich zu kontaktieren, wenn du merkst, dass du zu spät losgekommen bist?« Er war gerne dazu bereit. Es war sehr hilfreich für ihn zu verstehen, was Pünktlichkeit für mich bedeutet. Gleichzeitig fühlte er sich wertgeschätzt, weil ich seinen Wert respektierte. Mittlerweile schickt er mir hin und wieder eine Nachricht, wenn er sich verspätet. Und wenn nicht, dann gerate ich trotzdem nicht mehr in Rage.

Werte überdenken

Unsere Werte bestimmen unser Leben. Selbst wenn sich unsere Lebensphasen ändern, ticken wir oft noch nach denselben alten Werten. Unsere Werte sind sehr zuverlässig. Darum ist es wichtig, sie zu kennen. Und gerade wenn wir Pläne für unser Leben machen, lohnt es sich, uns vorher unserer Werte bewusst zu werden.

Es gibt allerdings auch Zeiten, in denen sich unsere Werte ändern können. Manchmal müssen sie das sogar. Als ich Christin wurde, stellte ich fest, dass einige meiner Werte nicht mehr hilfreich waren. Teilweise waren sie sogar kontraproduktiv, denn als Jüngerin von Jesus will ich ja seine Werte zu meinen eigenen machen. Unabhängigkeit war einer dieser Werte, die ich überdenken musste. In meiner Herkunftsfamilie gehörte es zu den Grundwerten, sich nicht von anderen Menschen abhängig zu machen. Auch nicht von einem Ehemann.

Diese Denkweise sorgte in meinem Leben für einige Konflikte. Die Kirchengemeinde, in die wir mit hineingenommen wurden, lebte von Offenheit und Fürsorge. Ich wollte zwar Gemeinschaft erleben, aber es fiel mir extrem schwer, wenn andere sich in mein Leben einmischten. Selbst dann, wenn ich wusste, dass ich Hilfe brauchte. Es war also Zeit, diesen Wert zu überdenken und ihn von Gott erneuern zu lassen.

Wie ist das bei dir? Passen deine Werte zu dem, was du leben möchtest? Es lohnt sich, sich die Zeit zu nehmen, die eigenen Werte einmal aufzuschreiben. Dafür ist gleich Platz. Doch vor dem praktischen Teil möchte ich dich noch einmal ermutigen: Wenn du dich das nächste Mal ärgerst, schüttle deine Gefühle nicht ab. Nimm dir stattdessen Zeit, darüber zu beten und nachzudenken. Sind deine Werte von jemandem übergangen worden? Dann stehe dazu und, wenn möglich, sprich die betreffende Person darauf an.

Jetzt wird's praktisch

Worüber hast du dich gestern oder heute geärgert?

....

....

....

....

....

Könnte es sein, dass einer deiner Werte übergangen wurde? Schreibe zunächst einmal auf: Was ist dir grundsätzlich wertvoll? Welche Eigenschaften und Lebenshaltungen schätzt du besonders? Nimm dir Zeit für diese Liste. Du kannst sie auch immer wieder ergänzen. Unterstreiche das, wofür du bereit bist einzustehen.

....

....

....

....

....

....

....

Jetzt gehe zurück zu der Situation, über die du dich geärgert hast. Welcher deiner Werte könnte übergangen worden sein?

....

....

....

....

....

....

Möchtest du zu diesem Wert stehen? Welche Schritte wirst du dann gehen müssen? Gibt es ein Gespräch, das du führen solltest?

....

....

....

....

....

....

Hast du schon einmal darüber nachgedacht, dass Jesus sein Leben für dich hingab, weil du ihm wertvoll bist?

>> *Denn Gott hat die Welt so sehr geliebt, dass er seinen einzigen Sohn hingab, damit jeder, der an ihn glaubt, nicht verloren geht, sondern das ewige Leben hat.*

Johannes 3,16

Was denkst du, denkt Jesus über deine zentralen Werte? Möchtest du etwas überdenken oder von Jesus erneuern lassen?

....

....

....

....

....

....

Vater im Himmel,
ich staune darüber, wie komplex du mich geschaffen hast. Danke für
die guten Werte in meinem Leben. Bitte hilf mir, sie zu entdecken und
an deine anzugleichen. Ich will von dir lernen, mein Leben nach ihnen
auszurichten. Danke, dass du mich lehrst, meine Gefühle wertzu-
schätzen und innezuhalten, wenn mich etwas aufwühlt. Ich will dir
erlauben, mir durch sie meine Werte deutlicher zu machen, und möchte
lernen, zu ihnen zu stehen – damit du mich zu dem Meisterwerk
formen kannst, das du längst vor Augen hast.
Amen.

Sechs
Das
Formgeben

Deine Träume sind bedeutungsvoll.

Der Herr sagte zu Mose: »Ich will dir auch diesen Wunsch erfüllen, den du gerade geäußert hast. Denn du stehst in meiner Gunst und ich kenne dich.«

2. Mose 33,17

Wir alle sind als Träumer und Träumerinnen zur Welt gekommen. Wir träumen davon, wer wir eines Tages sein werden, was wir Außergewöhnliches tun und welche Orte wir entdecken werden. Kinder kennen die Grenzen des Möglichen noch nicht. Ich wollte als Kind zum Zirkus gehen und Seiltänzerin werden oder unter den Zeltdächern am Trapez schwingen. Ich wollte auch Prinzessin werden und schöne Kleider tragen – wie Sissi. Und Polizistin, die Verbrecher zur Strecke bringt. Zugegeben, ich bin nichts davon geworden. Schade eigentlich.

Schon als Kinder lernen wir, das Träumen immer mehr zu verdrängen. Und je älter wir werden, desto »vernünftiger« werden wir. Zu oft haben wir erlebt, dass Träume sich nicht erfüllen. Zu oft sind wir für sie belächelt oder gar ausgelacht worden. Also geben wir sie auf. Aber wer kann beurteilen, ob unsere Träume unrealistisch sind? Ich weiß noch, wie überrascht ich war, als ich erfuhr, dass eine Cousine von mir zum Zirkus gegangen war. Sie hatte eine Zirkusschule besucht und ist heute Trapezkünstlerin. Mir dagegen wurde gesagt, dass man in eine Zirkusfamilie hineingeboren sein müsse. Einen anderen Weg gäbe es nicht. Manche Träume geben wir zu schnell auf.

Dabei können Träume uns bewegen. Einem Traum nachzujagen, bringt uns zwar nicht immer an den Ort, den wir uns erträumt haben. Es bringt uns aber oft weiter, als wir ohne ihn je gekommen wären.

> **Einem Traum nachzujagen, bringt uns oft weiter, als wir ohne ihn je gekommen wären.**

Hast du noch Träume? Ich meine so richtig verrückte Ideen für dein Leben? Lebensträume? Wenn ja, wo kommen sie her? Welche Kraft steckt in ihnen? Was kannst du tun, um sie Wirklichkeit werden zu lassen?

Meine Träume und der gute Vater

Ich bin davon überzeugt, dass wir mit unseren Träumen wertschätzend umgehen sollten, denn ich glaube, dass einige von ihnen von Gott selbst kommen. Es sind seine Träume. Er pflanzt sie in unser Herz, manchmal schon in der Kindheit, und wartet. Geduldig sieht er dabei zu, wie sie in uns reifen, und wünscht sich, dass sie durch uns real werden.

Mein verrücktester Traum war es, Mutter von fünfzehn Kindern zu sein. Du hast richtig gelesen: fünfzehn. Ich hatte als Kind einen Film gesehen, in dem eine Mutter ihr Baby vor eine Kirchentür legte, weil sie sich nicht selbst um es kümmern konnte. Diese Szene hat mich tief bewegt. Als ich ein Teenager war, überlegte ich daher, wie ich elternlose Babys aufnehmen könnte. Heute muss ich darüber lachen. Aber dieser Wunsch beschäftigte mich damals.

Meine größte Sorge war, wie ich mir all die Namen der Babys würde merken können. Deshalb fing ich früh damit an, Namen auswendig zu lernen, die mir gefielen. Die meisten, denen ich von meinem Traum erzählte, verdrehten nur die Augen und sagten: »Warte erst mal ab, bis du selbst ein Kind hast.« Und tatsächlich sah es lange nicht danach aus, dass sich mein Traum erfüllen würde. Als ich dann Serge kennenlernte, erzählte ich selbstverständlich auch ihm davon. Und auch er, das ist mir heute klar, nahm mich nicht sehr ernst.

Gott ist da ganz anders. Als unser Ältester in die Pubertät kam, wurde meinem Mann bewusst, dass noch drei Teenager folgen würden. Damit fühlte er sich überfordert und er entschied, dass unsere Familienplanung hiermit abgeschlossen sei. Mein Widerspruch konnte ihn nicht umstimmen. Ich war sehr verzweifelt und wandte mich an Gott. Er forderte mich dazu auf, ihm zu vertrauen und Serge nicht weiter zu bedrängen. Zugegebenermaßen fiel mir das schwer. Jahrelang hoffte ich, dass mal ein Kondom versagen würde, aber nichts dergleichen geschah. Als unser Jüngster dann in der Grundschule war, konnte selbst ich mir nicht mehr vorstellen, noch einmal schwanger zu werden. Da bekam ich eines Tages einen Anruf. In der Stadt sollte eine Babyklappe gebaut werden und jemand hatte uns als Noteltern vorgeschlagen. Ob wir bereit wären, für ein paar Monate Neugeborene aufzunehmen? Ich war zuerst völlig sprachlos. Und dann musste ich schmunzeln. Babys für mich, keine Teenager für Serge.

Falls Gott der Autor unserer Träume ist, hat er unendlich viele Möglichkeiten, sie wahr werden zu lassen, wenn wir ihn darum bitten. Wir dürfen zu ihm kommen, wie Kinder mit einem Wunschzettel, und ihm von dem erzählen, was uns begeistert. Er wird wahrscheinlich nicht all unsere Wünsche erfüllen, aber diese Entscheidung dürfen wir getrost ihm überlassen.

In meiner Konfirmationszeit war es üblich, dass allen Konfirmanden und Konfirmandinnen ein persönlicher Bibelvers zugesprochen wurde. Ich weiß nicht mehr, was ich mir erhofft hatte, aber der Vers, den der Pfarrer für mich gewählt hatte, schockierte mich. Es war Psalm 37,4: »Freu dich am Herrn, und er wird dir geben, was dein Herz wünscht.«

Das Formgeben

Der Töpfer hat sein zukünftiges Werk vor Augen, lange bevor er es auf die Drehscheibe setzt. Jeder Schritt bereitet den nächsten vor. Wenn der Töpfer die Wand des Gefäßes hochzieht, weiß er bereits, wie hoch das Gefäß werden soll. Und sobald die Wand die richtige Höhe hat, arbeitet er die Form heraus.

Er benutzt auch dafür wieder beide Hände. Normalerweise gibt die eine Hand dem entstehenden Gefäß Halt, die andere übt Druck aus. Erhöht der Töpfer den Druck von innen, wird das Gefäß bauchiger. Legt er seine Hände ringförmig um das Gefäß, verengt es sich. **Ein gut vorbereiteter Ton folgt den Händen und der Kreativität des Künstlers.**

Dann wird der obere Rand geformt. Der Rand kann gerade sein oder sich nach innen oder außen wölben. Der Töpfer hat seinen Plan vor Augen. Und der Ton lässt sich formen. Ein erfahrener Töpfer kann die Form sogar mehrmals verändern. Solange der Ton rund läuft und der Rand dick genug bleibt, sind seinen Möglichkeiten keine Grenzen gesetzt.

Erst, wenn dem Töpfer die Form gefällt, hebt er seine Hände vorsichtig ab und hält die Scheibe an. Es liegt in der Hand des Töpfers, welchen Zweck und welche Form ein Gefäß hat.

Er erschütterte mich, weil ich mir nicht vorstellen konnte, dass Gott so gut zu mir sein sollte. Oh, was schämte ich mich sogar für diesen Vers! Wer war ich denn, dass Gott mir dienen sollte? Du ahnst es bestimmt, heute ist er einer meiner Lieblingsverse. Denn je länger ich über ihn nachgedacht habe, desto klarer sah ich in ihm das Vaterherz Gottes. Er liebt es, mich zu beschenken. So ist ein guter Vater.

Ich sehe in dem Satz aber auch eine Aufforderung. Meine Wünsche sind nicht das Wichtigste. Der Vers macht deutlich, dass meine Freude nicht davon abhängt, ob all meine Wünsche erfüllt werden. Es ist andersherum: Gott, der Vater, fordert mich heraus, mein Herz auf ihn auszurichten. Er ist die Quelle meiner Freude. Nach ihm soll sich mein Herz sehnen. Ihm will ich vertrauen, ihm folgen, ihn ehren, ihn lieben. Wenn er das Wertvollste meines Lebens ist, ich mich nach der Beziehung zu meinem Gott, nach Vertrautheit mit ihm, sehne, werde ich bekommen, wonach ich mich am meisten sehne: ihn. Er erfüllt mir diesen Wunsch und manch anderen dazu.

> **Gott liebt es, mich zu beschenken. So ist ein guter Vater.**

> *Wünsche und Träume sind nicht das Wichtigste. Gott ist es. Worauf ist dein Herz gerichtet?*

Träume geben Richtung

Wenn Gott seine Träume in mein Herz gesät hat, dann kann ich mich von seinen Händen formen lassen. Er kennt sein Handwerk und wird nicht aufgeben, bis das Gefäß meines Lebens fertig ist. Als Meistertöpfer ist ihm nichts unmöglich.

Träume haben die Kraft, mich zu motivieren. Aber vor allem geben sie die Richtung an. Sie ermutigen mich dazu, Schritte zu gehen, lange bevor die Zeit der Erfüllung gekommen ist. Wie beim Tongefäß müssen unser Fundament und unsere Werte stabil sein und dann dürfen wir dem Töpfer erlauben, sanften Druck auszuüben, um uns in die richtige Richtung zu bewegen. So wie der Ton sich den Händen des Töpfers anvertraut, dürfen wir uns der Leitung unseres Vaters im Himmel anvertrauen.

Habe keine Sorge, der Meistertöpfer kann die Form immer wieder anpassen und verändern. Unsere Verantwortung ist es, ihm zu vertrauen und Schritte in eine Richtung zu gehen. Frage deinen Vater im Himmel: »Gibt es einen Schritt in Richtung meiner Träume, den ich heute schon gehen kann?«

Als ich Christin geworden war, wuchs in mir der Wunsch, von dieser hoffnungsvollen Botschaft zu sprechen. Ich wollte predigen. Leider war Frauen das Predigen in dem Gemeindeumfeld, in dem wir zum Glauben gekommen waren, verwehrt. Zu diesem Zeitpunkt sah ich daher keine Möglichkeit, wie mein Traum jemals wahr werden könnte. Was ich aber damals schon liebte, war das Studium der Bibel. Ich konnte mich in einen einzelnen Satz tagelang vergraben, las mit Vorliebe Kommentare und hörte unzählige Predigten. Mich begeisterten all jene, die sich mühelos in der Bibel zurechtfanden und aus völlig unscheinbaren Texten faszinierende Wahrheiten herausarbeiteten.

Ich wusste nicht, ob dieser Traum nur eine fixe Idee von mir war oder ob Gott ihn in mich hineingelegt hatte. Das würde sich zeigen. Mir war klar, dass ich es Gott überlassen musste, ihn wahr werden zu lassen. Aber ich entschied, mich im Stillen vorzubereiten.

Ich machte es also zu meiner Gewohnheit, täglich Zeit mit Gott und seinem Wort zu verbringen. Falls sich mir jemals die Gelegenheit bieten würde zu predigen, so sollte ich auch etwas Vernünftiges zu sagen haben.

Unsere Kinder waren noch klein. Sie waren damals zehn, drei, zwei Jahre und der Jüngste gerade mal vier Monate alt. Ich wurde ziemlich erfinderisch darin, Zeiten für meine Stille Zeit freizuschaufeln. Jahrzehntelang bereitete ich mich vor. Meine Freude am Wort Gottes wuchs. Durch meine tägliche Beschäftigung mit der Bibel veränderte sich mein Denken. Ich lernte Gott immer besser kennen. Auch lernte ich, den Klang seiner Stimme von meinen eigenen Gedanken zu unterscheiden – zumindest immer häufiger. Meine Liebe zu Gott wurde tiefer, meine Dankbarkeit für seine Gnade größer. Das Staunen über seine Freundlichkeit wurde zur Gewissheit und führte mich in echte Freiheit. Ich lernte, Prioritäten zu setzen. Gott zu vertrauen und Schritte im Gehorsam zu gehen. So gingen die Jahre dahin.

Ein paar Jahre leitete ich mit einer Freundin einen Frauenbibelkreis, der sich einmal im Monat traf. Gelegentlich wurde ich als Sprecherin zu einem Frauenfrühstück eingeladen, ein anderes Mal gestaltete ich den Input bei einem Frauenwochenende. Außerdem lehrte ich im Kindergottesdienst. Es waren kleine Schritte, aber sie hielten meinen Traum am Leben.

> **Aus dem Wunsch, mich für meinen Traum vorzubereiten, war längst eine Lebensweise geworden.**

Als unsere Jüngsten im Teenageralter waren, schlossen wir uns einer anderen Gemeinde an. In der neuen Gemeinde gab es viele Möglichkeiten, mich einzubringen. Predigen gehörte nicht dazu. Aus dem Wunsch, mich vorzubereiten, war längst eine Lebensweise geworden. Ich studierte Gottes Wort, weil es zu einem wesentlichen Teil meines Seins geworden war. Und war mir sicher: Wenn der Traum zu predigen Gottes Traum für mein Leben war, würde er ihn erfüllen. Aber es sah so aus, als hätte Gott keine Eile.

Wenn es etwas länger dauert

Die Jahre vergingen und schließlich verließen unsere Kinder das Haus, um eigene Wege zu gehen. Mein Leben hatte sich verändert. Ich hatte mich verändert. Was blieb, war meine Routine. Was blieb, war mein Traum. So verbrachte ich die Vormittage damit, noch mehr Zeit in Gottes Wort zu verbringen. Dabei wuchsen meine Vertrautheit und meine Begeisterung für die Bibel ständig. Als ich dann vierzig wurde, kam Ungeduld über mich. Sollte ich meine Hoffnung einfach begraben? Aber wann immer ich Gott im Gebet danach fragte, ermutigte er mich, ihm zu vertrauen. John Piper schreibt:

>> *Ungeduld ist eine Form von Unglauben. Es ist das, was wir fühlen, wenn wir an Gottes Weisheit, seinem Timing oder seiner guten*

Führung zweifeln. Ungeduld macht sich in unseren Herzen bemerk-
bar, wenn unser Plan sich verzögert oder zerschlagen wird. Das
kann sich beim Warten an der Kasse zeigen oder wenn durch einen
Schicksalsschlag die Hälfte unserer Träume zunichtegemacht
wird. Das Gegenteil von Ungeduld ist nicht, den Verlust zu ver-
leugnen. Es ist die wachsende, reifende, friedvolle Bereitschaft, mit
gehorsamen Herzen, auch an einem ungeplanten Ort, auf Gott zu
warten. Es ist die Bereitschaft, auf seinen Zeitpunkt zu warten – an
dem von ihm bestimmten Ort auszuharren und mit seinem Tempo
Schritt zu halten.[10]

Ich finde, Piper hat recht – so hart es klingen mag: Ungeduld ist eine
Form von Unglauben. Unglaube ist das Vertrauen auf meine Ideen
und Pläne, anstatt auf den zu warten, der die Weltgeschichte in seinen Händen hält. Unglaube hört sich bei mir zum Beispiel folgen-
dermaßen an: »Ich hatte doch so einen guten Plan, Herr – warum
geht es nur so langsam voran?«

Ich hörte einmal in einer Predigt den folgenden Gedanken:

Wir dürfen große Träume haben, aber wir dürfen nie die Dankbarkeit
für das verlieren, was wir gerade säen.

Gott weiß, was er tut, und er weiß, wie er mich gebrauchen will. Er
lässt sich Zeit und er lässt mir Zeit. In den Zeiten des Wartens sollten
wir unsere Träume weiter vor Augen haben. Solange Gott uns nicht
auffordert, sie zu begraben, können wir die eingeschlagene Richtung
weitergehen. Denn deine Träume sind kostbar. Gib sie daher nicht
vorschnell auf, nur weil du auf ihre Erfüllung warten musst. Bewege
sie immer wieder im Gebet. Gehe kleine Schritte und bleibe treu.

Vielleicht fragst du jetzt: Und was ist, wenn ich mittlerweile zu
alt bin für die Kinder? Was, wenn meine Gesundheit es mir nicht
mehr erlaubt, meinen Traum konkret zu verfolgen, oder wenn mir
der Alltag die Kraft dazu raubt? Was, wenn sich meine Träume vor
meinen Augen in Luft auflösen? Gerade dann: Glaube!

Das Wissen um Gottes Liebe und seine guten Pläne für uns kann uns trösten, auch wenn seine Antwort ein Nein ist. Jeder gute Vater, jede gute Mutter sagt auch mal Nein. Auch wenn ich einen Traum aufgeben muss, darf ich wissen, dass Gott mich liebt. Dann beginnt ein oftmals schwerer Trauerprozess – aber immer mit dem Vertrauen darauf, dass Gott noch viel mehr und viel Schöneres für mich hat, als ich es mir derzeit vorstellen kann.

Ich habe so oft mit Gott gerungen, warum er mir den Wunsch zu predigen ins Herz gelegt hat, wenn ich ihn doch nie würde leben können. Habe ihm die Ohren vollgeheult, weil es einfach keinen Raum für mich zu geben schien. Dabei habe ich etwas gelernt: Unsere Träume sind umkämpft, weil alles Kostbare teuer ist. Wir brauchen Durchhaltevermögen, um Träume in die Realität zu holen. Wundere dich deshalb nicht, wenn du Geduld brauchst. Gott führt uns nicht den kürzesten Weg zu unserem Ziel, sondern immer den direktesten an sein Herz – ob sich der Traum dann erfüllt oder nicht oder anders. Er macht es richtig – wie der Psalmist im Satz nach meinem Konfirmationsspruch betont: »Überlass dem Herrn die Führung deines Lebens und vertraue auf ihn, er wird es richtig machen« (Psalm 37,5).

Träume loslassen – und wiederbekommen

Manchmal müssen wir vielleicht auch deshalb auf die Erfüllung warten, weil ein Traum unser Herz von Gott fortgezogen hat. Ein Geschenk Gottes kann sehr leicht zu meinem Lebensziel werden. Die wichtigere Lektion ist aber: Wir dienen nicht unseren Träumen, sondern dem, der sie uns gab. Das ist ein großer Unterschied. Wann immer Gott mich also herausfordert, einen Traum loszulassen, habe ich die Gelegenheit, zu prüfen, wem ich wirklich diene. Jedes Loslassen erfordert mein Vertrauen, denn oft ist es sehr schmerzhaft. Aber es zieht mich näher an sein Herz.

Ich habe in meinem Leben vieles losgelassen und wiederbekommen. Abraham ist auch in diesem Punkt mein großes Vorbild. Von ihm sagt Lukas in der Apostelgeschichte: »Denn Gott hat zu Abraham gesagt: ›Durch deine Nachkommen sollen alle Völker der Erde gesegnet sein‹« (Apostelgeschichte 3,25).

Gott hatte einen Traum: Er wollte durch den Menschen Abraham alle Nationen der Erde segnen. Auch Abraham hatte einen Traum: Er wollte einen Sohn. Die oben genannte Verheißung sollte beide Wünsche erfüllen. Es gab nur ein Problem. Abrahams Frau Sara war unfruchtbar. Sie bekam keine Nachkommen. Die Jahre vergingen und noch immer war kein Sohn in Sicht. Abraham wurde ungeduldig. Wer kann es ihm verdenken? Sara und er waren bereits sehr alt.

> **Wir dienen nicht unseren Träumen, sondern dem, der sie uns gab.**

In den Zeiten des Ausharrens ist es ganz besonders wichtig, Gott zu vertrauen. Der Meistertöpfer bringt mich in Form. Ich spüre den Druck seiner Hände. Gerade in diesen Zeiten will ich mich zu ihm hinwenden und meine Zweifel und Not zu ihm bringen. Sein Wort ist voller Ermutigung, nicht aufzugeben. Unserem Gott zu vertrauen, ist eine der schwersten Lektionen unseres Lebens, aber Gott liebt unser Vertrauen. Der Schreiber des Hebräerbriefs formuliert es so:

>> *Was ist nun also der Glaube? Er ist das Vertrauen darauf, dass das, was wir hoffen, sich erfüllen wird, und die Überzeugung, dass das, was man nicht sieht, existiert. Aufgrund dieses Glaubens hat Gott unseren Vorfahren in der Schrift seine Anerkennung ausgesprochen.*

Hebräer 11,1-2

Im elften Kapitel dieses Briefes werden viele Glaubenshelden und -heldinnen aufgezählt, Abraham ist auch darunter. Besonders ermutigend ist, dass seine Zweifel und Verfehlungen hier nicht mehr erwähnt werden. Wer die Geschichte Abrahams gelesen hat, kennt sie, aber in der Aufzählung hier sind sie nicht wichtig. Gott kennt auch meine Zweifel und mein Versagen, aber ich darf mich immer wieder neu dazu entscheiden, zu vertrauen. Das ist es, was am Ende zählt.

Schließlich hält Gott Wort. Abrahams Frau Sara bekommt einen Sohn. Den Sohn der Verheißung, Isaak. Die Geschichte endet jedoch hier noch nicht. Ein paar Jahre später fordert Gott Abraham auf, diesen Sohn auf einem Berg zu opfern. Zu diesem Zeitpunkt waren Gott und Abraham schon sehr lange miteinander unterwegs. Abraham wusste, dass Gott *keine* Menschenopfer erwartete. Er wollte nur Abrahams Vertrauen – wie bereits zuvor. Ich will mich von Abrahams Vertrauen ermutigen lassen. Er wusste nicht, wie Gott handeln würde, aber er wusste, dass Isaak der Sohn der Verheißung war. Und doch diente Abraham nicht der Verheißung, sondern dem Gott der Verheißung. Und so lesen wir im Jakobusbrief: »So geschah genau das, was die Schrift sagt: Abraham glaubte Gott, und Gott erklärte ihn für gerecht. Er wurde sogar Freund Gottes genannt« (Jakobus 2,23).

Ich will Gott dienen und nicht meinen Träumen. Zeiten des Wartens sind wunderbare Gelegenheiten, um mein Herz zu prüfen.

An dieser Stelle möchte ich dich noch einmal ermutigen: Gib deine Träume nicht auf! Träume treiben uns an, zeigen uns die Richtung, in die wir gehen wollen, und fordern uns heraus, Schritte zu gehen.

Gleichzeitig möchte ich dich herausfordern: Wärst du bereit, deine Träume loszulassen, wenn Gott dich darum bittet? Das kann uns manchmal fast das Herz brechen. Deshalb gelingt dieser Vertrauensschritt nur, wenn wir wissen, dass er es gut mit uns meint – noch besser, als wir es uns vorstellen können. Und dass er noch viel größere Träume für uns hat.

Willst du ihm vertrauen? Richte dein Herz auf ihn aus. Erlaube ihm, dir zu zeigen, wo du ihn aus den Augen verloren hast. Vertraue seiner Weisheit. Gott möchte dich gebrauchen! Manchmal schenkt er uns einen Vorgeschmack davon, wie es aussehen könnte, unsere Träume zu leben. Er schenkt uns Gelegenheiten, das zu tun, was wir erhoffen. Freue dich daran. Lass dich davon ermutigen. Aber halte es nicht fest. Denn Gott wird seine Träume in uns realisieren, wenn wir bereit dafür sind. Wir können es nicht erzwingen. Diene deshalb niemals dem Traum. Diene dem, der ihn dir gab.

Auch mit mir war Gott noch nicht am Ende. In den letzten Jahren gab es immer wieder einzelne Anlässe für mich zu predigen, auch in unserer Gemeinde. Aber nicht regelmäßig. Irgendwann wurde ich dann Teil des Predigtteams, aber andere wurden mir meistens vorgezogen. Das war sehr herausfordernd. Natürlich habe ich Gott mein Leid geklagt. Ich war doch so gut vorbereitet – dachte ich. Ich hatte jahrelang sein Wort studiert. Geduldig gewartet. Warum durften andere regelmäßig predigen und nicht ich? Warum, Herr? Seine Antwort war: »Kannst du dich mit denen freuen, die bekommen, wonach du dich sehnst?« Eine sehr heilsame Frage. Ich erkannte den Stolz in meinem Herzen. Also lernte ich, mich für andere zu freuen, sie zu ermutigen, für sie zu beten. Immer wieder brachte ich meine Enttäuschung vor Gott. Das war eine echte Lebensschule. Um eine gute Predigerin zu sein, genügt es eben nicht, die Bibel zu kennen. Es geht vielmehr darum, ihn zu kennen und ihm zu vertrauen.

Gottes Ausbildungsprogramm ist gründlich. Er wünscht sich vor allem unsere Bereitschaft zu vertrauen, unsere eigene Stärke ist gar nicht so wichtig. Sie steht uns sogar oft im Weg, weil wir mit ihr manchmal Dinge zu erzwingen versuchen, für die die Zeit noch nicht gekommen ist.

> *Versuche ich etwas aus eigener Kraft, versage ich. Vertraue ich ihm, ist er erfolgreich.*[11]
>
> Corrie ten Boom

Meine Träume sind kostbar. Aber zuallererst will ich den Autor meiner Träume lieben. Und tun, was mein Konfirmationsspruch sagt: mich an ihm freuen. Wo ich mich seiner Führung, seinem Zeitplan und seinem Weg mit mir überlasse, komme ich zur Ruhe. In dieser Ruhe erkenne ich all das Wertvolle, das ich bereits bekommen habe, wie viel er schon in mir verändert hat, und kann darauf vertrauen, dass er dabei ist, mich vorzubereiten.

Ich persönlich staune heute, wenn ich sehe, wie Gott meinen Wunsch erfüllt hat: Nach fast 25 Lehrjahren predige ich regelmäßig. Aber weil ich glaube, dass Gott der Meistertöpfer ist, gibt es auch einige Träume, die ich Gott zurückgegeben habe. Es ist mir nicht leichtgefallen, aber ich vertraue, dass er gute Wege mit mir geht. Gut heißt leider nicht immer leicht. Aber sogar die schmerzhaften Zeiten können in den Händen Gottes zu einem Geschenk werden. Dazu mehr im nächsten Kapitel.

Deine Träume sind bedeutungsvoll. Niemand träumt wie du. Gott weiß das. Und er freut sich daran, wie du deine Träume auf die dir eigene Art mit Leben füllen wirst. Deine Träume werden deinem Leben Form geben und dir helfen, Prioritäten zu setzen. Sie schaffen Raum für die nötige Vorbereitung. Gott macht das sehr gut, schließlich erschafft er gerade ein Meisterwerk.

Jetzt wird's praktisch

Welcher Traum bewegt dich? Schreib ihn auf. Je verrückter, desto besser. Dann nimm dir einen Moment der Stille und erzähle deinem Vater im Himmel davon. Sag ihm, wovon du träumst und was du dafür brauchst. Sag ihm, warum dich dieser Traum begeistert. Gott ist ein guter Vater. Er freut sich, wenn seine Kinder ihn in ihre Ideen einweihen.

Von welchen Träumen hast du noch niemandem erzählt?

....

....

....

....

Welche Schritte kannst du schon heute in Richtung dieser Träume gehen?

....

....

....

....

> *Vater,*
> *ich sehne mich nach der Gewissheit, dass du Gutes für mich bereit-*
> *hältst. Danke für meine Träume. Ich will mutig sein und Schritte in*
> *ihre Richtung gehen. Möchte durchhalten, auch wenn das Ziel noch in*
> *weiter Ferne scheint. Und ich will bereit sein loszulassen, wenn ich das*
> *Wichtigste aus den Augen verloren habe: dich. Ich will mich deinen*
> *sanften Händen überlassen und darüber staunen, wie du mich auch*
> *durch meine Träume zu der Person formst, die du dir erträumt hast.*
> *Amen.*

Sieben
Das Abschneiden

Dein Schmerz ist bedeutungsvoll.

Wir werden nicht zu Überwindern, indem wir vor den schrecklichen Dingen fliehen. Sondern indem wir Gott dabei zusehen, wie er all das, was uns die Freude rauben möchte, dazu gebraucht, um uns Gutes zu tun.[12]

John Piper

Manche unserer Träume müssen wir manchmal wieder loslassen. Aber es kann noch andere Dinge geben, die uns auf dem Weg zum Ziel behindern und die deswegen entfernt werden müssen. Vertraue ich der Weisheit meines Gottes und erlaube ihm, mich von all dem abzuschneiden, was mir im Weg steht, und dem, was er in mir tun will?

Ich habe erlebt: Die Frage ist nicht, *ob* wir diesen Prozess im Laufe unseres Lebens erleben. Die Frage ist, *wie* wir darauf reagieren. Denn Trennung gehört zu jedem Leben dazu und es ist meistens eine schmerzhafte Angelegenheit. Aber nicht immer ist das auch gleich schlecht. Im Schmerz liegt ein Geheimnis verborgen und Gott lädt uns ein, es zu entdecken.

Das Abschneiden

Der Töpfer hat die Drehscheibe angehalten.

Vor ihm steht das neue Werk. Die Form ist sichtbar, aber es ist noch feucht und instabil. Für den nächsten Arbeitsschritt muss das gedrehte Gefäß nun von der Drehscheibe geschnitten werden. Denn es muss trocknen. **Die starke Verbindung von Gefäß und Drehscheibe, die ermöglicht hat, dass das Gefäß entstanden ist, wird jetzt getrennt.** Dazu schneidet der Töpfer das Tongefäß mit einer Drahtschlinge ab.

Das Abschneiden erfordert etwas Übung. Der Töpfer gibt zuerst etwas Wasser auf die Scheibe. Dann zieht er die Schlinge in schnellen, aber ruhigen Bewegungen unter dem Ton hindurch. Durch das wiederholte Durchziehen schiebt sich Wasser zwischen Ton und Scheibe. Er schneidet den Ton an der Basis ab.

Jetzt kann das Gefäß vorsichtig von der Scheibe geschoben und abgehoben werden. Ein Rest des Tons verbleibt dabei immer auf der Scheibe. Zum Trocknen wird das Gefäß meist mit einer Folie abgedeckt und an einen kühlen Ort gestellt. Es sollte langsam und gleichmäßig trocknen.

Nur ein gelungenes Gefäß wird sorgfältig abgeschnitten, um weiterverarbeitet zu werden.

Im Johannesevangelium spricht Jesus davon, dass gerade die frucht-
tragenden Reben beschnitten werden:

>> *Ich bin der wahre Weinstock und mein Vater ist der Weingärtner.*
Er schneidet jede Rebe ab, die keine Frucht bringt, und beschnei-
det auch die Reben, die bereits Früchte tragen, damit sie noch mehr
Frucht bringen.

Johannes 15,1-2

Auch hier schneidet also – wie beim Töpfern – einer, der sein Handwerk versteht. Auch hier ist der Schnitt notwendig, um ein erfolg-
reiches Ergebnis zu erreichen.

Hat Schmerz einen Sinn?

Ich selbst scheue Schmerz. Bei Kopfschmerzen greife ich schnell
zu Paracetamol. Bei Zahnschmerzen ergreife ich sofort die Flucht.
Doch Gott öffnet mir immer mehr die Augen für seine Sicht der Dinge. Eine wichtige Lektion lernte ich, als ich vor einigen Jahren mit
meiner Familie die Klinik von Dr. Ida Scudder in Indien besuch-
te. Der junge Arzt, der uns durch den Komplex führte, stellte uns
folgende Frage: »Ist Schmerz etwas Gutes?« Meine Antwort kam
schnell und klar: »Natürlich nicht!« Aber die Antwort ist vielleicht
doch nicht so einfach, wie sie aus meinem Mund herausgeschossen
kam. Denn ja, die meisten von uns versuchen, Schmerz zu vermeiden. Aber er ist vielleicht nicht nur Fluch, sondern kann manchmal
durchaus einen Sinn haben.

Der junge Arzt, der uns diese Frage gestellt hatte, kannte sich mit
dem Thema aus. Es stellte sich heraus, dass er Menschen behandelte,
die an Lepra erkrankt waren. Lepra zerstört die Nerven, vor allem an
den Händen und Füßen. Das, erklärte er uns, sei die folgenschwers-
te Auswirkung dieser Krankheit. Infizierte werden unempfindlich
gegen Wärme, Kälte oder Schmerz. Verletzen sie sich, ohne es zu
bemerken, bleiben die Wunden unbehandelt, und lebensbedroh-

liche Erreger können in den Körper eindringen. Darum lernen die Kranken, besonders aufmerksam zu sein und ihre Hände und Füße täglich nach Verletzungen zu untersuchen.

Schmerz ist also nicht immer Fluch. Keinen Schmerz empfinden zu können, ist auch ein Fluch. Denn wenn wir den Schmerz nicht mehr fühlen können, können seine Ursachen uns ein Leben lang beeinträchtigen. Hat Schmerz also manchmal doch einen Sinn? Damit möchte ich keinen Schmerz der Welt schönreden. Ich weiß aus eigener Erfahrung, wie zermürbend chronische Schmerzen und was für ein Segen Medikamente gegen diese sein können. Das aber ist ein anderes Thema.

Schmerz ist in jedem Fall ein intensives Gefühl. Er ruft uns zur Aufmerksamkeit. Wenn wir Schmerz fühlen, sollten wir innehalten und uns der Ursache zuwenden. Auf der körperlichen Ebene ist mir das ganz klar. Ich gehe bei starken oder andauernden Schmerzen zum Arzt. Wenn nötig, wird eine Wunde gereinigt und bedeckt, vielleicht muss etwas eingerenkt oder geschient werden. Der Arzt verschreibt mir, was ich brauche, um gesund zu werden. Manchmal reichen Schonung und Zeit zum Heilen.

Unser Sohn zum Beispiel hatte Wachstumsschmerzen. Wir sollten auf gute Nahrung, genügend Schlaf und ausreichend Bewegung achten. Auch bei einer Geburt ist Schmerz zu erwarten. In dieser Situation brauchen wir eine erfahrene Hebamme, Kraft, Ruhepausen, Ermutigung und liebevolle Berührung. Der Grund dieser beiden Schmerzerfahrungen bei Wachstum und Geburt ist jeweils ein positiver – und ebenso das Ergebnis.

Wenn wir Schmerz fühlen, sollten wir innehalten und uns der Ursache zuwenden.

Es ist also nicht klug, körperlichen Schmerz zu verteufeln oder zu ignorieren. Aber warum tue ich mich dann so schwer damit, wenn es um den Schmerz in meiner Seele geht? Meine Seele braucht doch dieselbe Aufmerksamkeit und Pflege. In den letzten Jahren habe ich gelernt, dem Schmerz nicht aus dem Weg zu gehen oder ihn zu verdrängen. Sondern innezuhalten, um zu verstehen, worauf er mich aufmerksam machen will.

Dieses Kapitel handelt dabei vor allem von dem Schmerz, den wir fühlen, wenn Menschen, die wir lieben, uns verlassen oder wenn sie uns enttäuschen. Vom Schmerz der Einsamkeit. Vom Schmerz, wenn wir Träume loslassen müssen. Und vom Schmerz des eigenen Versagens. Denn wenn ich mich und andere enttäuscht habe, kann mich das ganz besonders schwer belasten. Dann muss ich das falsche Bild, das ich von mir selbst habe, loslassen.

Gerade die schmerzhaften Geschichten können mein Leben tiefer machen.

Ich habe erlebt, dass Gott nicht nur Heilung schenken kann, sondern dass gerade die schmerzhaften Geschichten mein Leben tiefer machen können. Denn wenn wir unserem Vater im Himmel erlauben, die Dinge anzugehen, die uns quälen, bereichert das unsere Geschichte mit ihm und lässt uns anderen mit neuer Demut und mit größerem Verständnis begegnen. Und das ist genau die Haltung, die uns bereit macht, tiefe Beziehungen einzugehen.

1. Es schmerzt, wenn geliebte Menschen uns verlassen

Vor ein paar Jahren wollte unser zweitjüngster Sohn sich neu orientieren. Er hatte bereits vor Jahren das Haus verlassen und einen eigenen Haushalt geführt. 2019 hat er dann seinen gut bezahlten Job gekündigt und wollte wieder bei uns einziehen. Sein altes Zimmer war noch frei, wir sagten also zu. Er äußerte zudem den Wunsch, sich morgens mit mir zusammenzusetzen, um gemeinsam die Bibel zu lesen. Ich war überrascht. Was für eine tolle Gelegenheit. Wir trafen uns ein Jahr lang jeden Vormittag für fünfundvierzig Minuten. Wir tauschten aus, was wir gelesen hatten, wälzten Parallelstellen, sprachen über unser Leben und beteten gemeinsam.

Das Jahr war so schnell vorbei. Und mittlerweile waren die nächsten Schritte klar geworden. Unser Sohn würde in Rumänien einen Missionseinsatz machen. Der Gedanke an den Abschied schmerzte mich. Es fiel mir schwer, ihn ziehen zu lassen, auch wenn ich von seinen Plänen begeistert war. Eigentlich verständlich, denn wir waren einander in dieser Zeit nähergekommen. Ich hatte eine neue Seite von ihm kennengelernt und festgestellt, dass wir uns viel ähnlicher waren, als ich geahnt hatte. Wir haben miteinander gelacht und auch hitzig diskutiert. Immer wieder staunte ich über seine Fähigkeit, sich selbst zu hinterfragen, und über seine Offenheit, von mir zu lernen. Dieses gemeinsame Jahr war ein unerwartetes Geschenk. Aus meinem Sohn war ein Bruder geworden. Ich wusste, dass er mir fehlen würde. Mein Schmerz offenbarte, wie wertvoll die gemeinsame Zeit gewesen war.

Mein Schmerz offenbarte, wie wertvoll die gemeinsame Zeit gewesen war.

Es tut weh, Menschen ziehen zu lassen, die wir lieb gewonnen haben und die unser Leben bereichert haben. Das haben wir alle schon erlebt. Aber ist der Schmerz, den wir in solchen Situationen empfinden, nicht ein Zeichen dafür, dass wir lieben? Diesen Schmerz zu vermeiden, würde bedeuten, unser Herz von der Liebe abzuschirmen. Denn wenn ich Schutzmauern um mein Herz baue, dann halte ich leider auch die tiefen, angenehmen Gefühle von meinem Herzen fern. Unsere Herzen sind geschaffen, um zu lieben, und glaube mir: Sie halten den Schmerz aus. Mein schmerzendes Herz bestätigt mir, dass ich noch immer lieben kann. Deswegen werde ich nicht versuchen, Schmerz zu vermeiden, wenn die Ursache dafür Liebe ist.

2. Es schmerzt, wenn Menschen uns enttäuschen

Wenn ich Menschen an mein Herz lasse und ihnen erlaube zu sehen, was mich beschäftigt, bedrückt oder beflügelt, dann entsteht Beziehung. Wird meine Offenheit erwidert, wachsen Nähe und Vertrautheit. Dafür sind unsere Herzen geschaffen. Diese Art von Beziehung macht uns lebendig. Wir alle tragen eine Sehnsucht danach in uns. Wir sind fähig, tiefe Verbundenheit mit anderen Menschen einzugehen.

Leider gehört es aber zum Leben dazu, dass Beziehungen auch wieder auseinandergehen. Aus vielen Gründen. Und das tut weh. Am schlimmsten ist es, wenn Menschen unser Vertrauen enttäuschen oder uns dann hängen lassen, wenn wir sie am meisten brauchen. Der Schmerz der Enttäuschung ist in dem Fall bitter, denn wir stellen oft nicht nur die andere Person infrage, sondern auch uns selbst.

Enttäuschung hilft uns, uns von unrealistischen Erwartungen zu trennen.

Das kann aber auch der erste Schritt zur Heilung sein. Bei Enttäuschungen ist es wichtig, sich Zeit zu nehmen und sich zu fragen: Was hatte ich erwartet? Ich bin immer wieder aufs Neue überrascht, wie oft ich mir meiner Erwartungen an andere nicht bewusst bin – bis sie unerfüllt bleiben. Doch ich muss meine Erwartungen kennen, damit ich mich fragen kann, ob sie überhaupt realistisch sind. Unrealistische Erwartungen werden immer enttäuscht. Und dann hilft uns gerade die Enttäuschung, uns von ihnen zu trennen.

Wenn meine Erwartungen hingegen realistisch sind, muss ich sie kommunizieren. Woher soll mein Gegenüber sonst wissen, was ich mir wünsche? Wenn ein Mensch mich enttäuscht, könnte es also daran gelegen haben, dass ich meine Verantwortung, Klarheit zu schaffen, nicht wahrgenommen habe. Daraus kann ich lernen – aber nur, wenn ich den Schmerz nicht verdränge, sondern mich ihm stelle.

3. Es schmerzt, wenn wir einsam sind

Ich bin so oft abgelehnt oder missverstanden worden, dass ich eines Tages dachte, ich müsse mein Herz vor weiteren Verletzungen schützen. Ich wollte von nun an niemandem mehr zeigen, was ich fühlte. Niemand sollte meine Hoffnungen kennen, mein Versagen sehen, meine Kämpfe und Nöte. Niemand sollte erkennen, wer ich wirklich bin. Ich wollte nur noch eine Version von mir zeigen, die unangreifbar war. Emotional blieb ich also auf Abstand.

Eine Weile ging das gut, aber dann fing ich an, mich darüber zu wundern, dass ich mich so einsam fühlte, obwohl ich von Menschen umgeben war. In dieser Einsamkeit suchte ich Gott. Er offenbarte mir eine wertvolle Wahrheit: Ich darf zwar auf Abstand bleiben, aber wenn ich geliebt werden will, dann werde ich anderen erlauben müssen, die echte Andrea zu sehen. Dann werde ich Menschen mein Herz zeigen müssen.

Wir alle brauchen Gemeinschaft. Einsamkeit offenbart dieses Bedürfnis. Ich dachte, ich bräuchte niemanden. Ich dachte, ich meistere mein Leben schon allein. Aber das Gefühl der Einsamkeit erinnerte mich daran, dass das nicht stimmt. Und ich will nicht einsam sein. Der Schmerz darüber zeigte mir auf, dass ich die Freiheit habe, Menschen in mein Leben einzuladen. Es ist meine Verantwortung. Ich selbst entscheide, wem ich Raum geben will.

Das ist natürlich ein Risiko. Und nicht jede und jeder wird die Einladung annehmen. Aber jede gelungene Beziehung fängt irgendwann an. Wen möchtest du gerne kennenlernen? Erwarte nicht von anderen, den ersten Schritt zu machen. Gehe auf Menschen zu. Schreibe ihnen. Lade sie zu einem Spaziergang ein oder auf einen Tee. Bleibe nicht in deiner Einsamkeit. Wir brauchen einander.

Ich weiß noch, dass ich lange dachte, ich bräuchte nur Jesus. Niemand ist doch wie er. Niemand kann doch unsere Sehnsucht nach Wertschätzung und Sicherheit so füllen wie er. Aber wir brauchen auch Menschen. Da ist etwas in unserem Herzen, das nur von einem menschlichen Gegenüber berührt werden kann. Zu erleben, wie andere unser Leben bereichern, schafft Nähe. Das Wissen, dass ich andere brauche, ist ein wunderbares Mittel gegen den Stolz, der sich so gerne in unser Herz schleicht. Gott selbst wusste von Anfang an, dass der Mensch ein Gegenüber brauchen würde, und sagte: »Es ist nicht gut für den Menschen allein zu sein. Ich will ihm ein Wesen schaffen, das zu ihm passt« (1. Mose 2,18).

> **Einsamkeit offenbart unser Bedürfnis nach Gemeinschaft.**

Einsamkeit beschneidet unseren Stolz und lädt uns ein, unsere Herzen neu zu öffnen und Menschen in unser Leben zu lassen. Wir müssen nicht einsam bleiben. Aber vielleicht muss ich den ersten Schritt auf jemand anderen zugehen – auch wenn ich fürchte, abgelehnt zu werden. Das tun wir alle. Aber wollen wir unsere Angst überwinden und auf Menschen zugehen?

4. Es schmerzt, wenn wir Träume loslassen müssen

So wie der Töpfer sein Werk von der Drehscheibe abschneidet, so beschneidet unser Schöpfer manchmal unsere Träume oder falsche Sicherheiten. Denn er will ein Meisterwerk schaffen. Und irgendwann müssen die Stützräder weg. Gott traut uns mehr zu, als wir denken, und wenn wir mit ihm gemeinsam unterwegs sind, verändern wir uns. Manches, was uns früher vielleicht Sicherheit gegeben hat, steht uns nun auf dem Weg in die Freiheit im Weg. Halte deshalb deine Träume oder Vorstellungen vom Leben nicht fest, wenn die Zeit gekommen ist, sie loszulassen.

Ich liebe die Gastronomie und wie viele andere in dieser Branche stellte ich es mir immer toll vor, ein eigenes Café zu leiten. Ich malte mir aus, wie ich mit Menschen zusammenarbeiten würde, die ich selbst ausgesucht hatte, wie ich mir meine Zeit selbst einteilen und alle meine Vorstellungen würde umsetzen können. Überraschenderweise bekam ich eines Tages tatsächlich die Gelegenheit, die Leitung eines Cafés zu übernehmen.

Schon der Gedanke daran, diesen Traum wieder aufzugeben, schmerzte mich.

Doch sehr schnell holte die Realität meine Träume ein: Die Herausforderungen forderten mehr Zeit, als ich bereit war zu investieren, und ich musste auch all die ungeliebten Aufgaben übernehmen, für die sich niemand fand. Nach weniger als einem Jahr gestand ich mir ein, dass ich der Aufgabe nicht gewachsen war. Schon der Gedanke daran, diesen Traum wieder aufzugeben, schmerzte mich. Aber die Arbeitsbelastung wurde immer größer und schon bald hatte ich Mühe, mein eigenes Familienleben noch im Griff zu behalten. Ich konnte zu Hause nicht abschalten, auch wenn ich freihatte, und wurde daher immer gereizter. Fast täglich fragte ich mich, ob ich diesen Traum besser aufgeben sollte.

Diese Situation zeigte mir, dass ich mich falsch eingeschätzt hatte. Die Erkenntnis schmerzte ebenso wie der Gedanke, mich von meinem Traum zu trennen. Dennoch würde ich nicht weitergehen können, wenn ich daran festhielt. Wie diese Erfahrung weiterging und warum ich heute sehr dankbar für sie bin, kannst du im nächsten Kapitel über das Versagen lesen. Erst der Schmerz des Loslassens kann uns manchmal in Bewegung bringen. Schmerz kann aufdecken, wer wir sind oder nicht sind. Er kann uns auch dazu drängen, neue Wege zu gehen. Fürchte dich nicht, etwas loszulassen, wenn Gott dich dazu auffordert. Manchmal bekommst du es zu einem anderen Zeitpunkt wieder zurück.

5. Es schmerzt, wenn wir versagen

Im folgenden Kapitel werden wir uns näher mit unserem Versagen beschäftigten und wie dieses, ebenso wie alles andere, zu unserer Geschichte gehört. Hier nur so viel: Ja, Versagen kann auch schmerzen. Niemandem von uns fällt es leicht, sich einzugestehen, wo wir unsere eigenen Erwartungen nicht erfüllt und die anderer enttäuscht haben. Zu erkennen, dass wir Menschen, die wir lieben, verletzt haben, ist sehr schwer auszuhalten – selbst dann, wenn es unabsichtlich war. Festzustellen, dass unser Bestes nicht genügt, ist demütigend. Aber wir sind damit nicht allein.

Wenn wir die Bibel lesen, stellen wir fest, dass sie das Versagen der Menschen nicht verheimlicht. Warum? Weil es nicht auf unsere Kraft und unseren Erfolg ankommt, sondern immer nur auf Gottes Gnade – und das ist die Hauptbotschaft des Christentums! Selbst der Apostel Paulus durfte diese Gnade für sich annehmen – ein begabter Mann, der sein Leben für die Verbreitung des Evangeliums eingesetzt hatte. Das heißt: Auch ich muss nicht immer stark sein.

Hartes Herz, weiches Herz

Wir haben bisher gesehen: Schmerz ist nicht nur Fluch. Im Gegenteil, er kann uns zeigen, wie beschenkt wir sind und wie sehr wir lieben, was wir brauchen, wer wir wirklich sind und wo wir Heilung brauchen. Deshalb möchte ich dich dazu ermutigen, nicht vor dem Schmerz davonzulaufen, sondern hinzuhören, wenn dein Herz schmerzt.

Und dann gehe damit zu Gott. Er liebt dich. Er versteht dich. Und er hat das große Bild. Bei meinem Vater im Himmel habe ich gelernt, echt zu sein. Denn er lacht nicht über meine Tränen. Er ist nicht ungeduldig mit mir. Also weine, wenn du traurig bist. Bei Gott kannst du deinen Tränen freien Lauf lassen und brauchst dich nicht dafür zu schämen. Selbst Jesus weinte. Erlaube dir also, vor Gott Schmerz zu fühlen. Dann halte inne und werde still. Bitte deinen Vater, zu dir zu reden. Erlaube ihm, dir zu zeigen, was er sieht. Lass dir seinen Frieden schenken. Lass ihn dich heilen. Aber lass dich in Zukunft nicht mehr davon abhalten, zu lieben und Schmerz zu empfinden.

Gleichzeitig ermutige ich dich, nicht nur Gott, sondern auch anderen Menschen gegenüber ehrlich zu sein. Echte emotionale Nähe ist nur möglich, wenn wir offenbaren, wer wir sind. Wenn wir mit anderen teilen, was uns kostbar ist, und darauf hoffen, dass sie dasselbe tun. Ja, damit machen wir uns verletzlich. Es ist ein Risiko. Aber um Gemeinschaft zu erleben, muss ich riskieren, verletzt zu werden. Und die Sehnsucht nach vertrauter Gemeinschaft steckt tief in uns. Und oft kann es eben auch gut ausgehen und ich erlebe, dass andere mich lieben, mit allen Ecken und Kanten. So wie ich bin. Gott bewahrt mich nicht vor jedem Schmerz, aber wenn ich bereit bin, mich lieben zu lassen und andere zu lieben, werde ich beschenkt.

Erlaube dir, Schmerz zu fühlen, und sei ehrlich mit dir selbst und Gott.

Ich habe daher beschlossen, mein Herz nicht mehr zu verstecken. Sei es aus Angst vor Verletzung, Ablehnung, Enttäuschung, Abschied oder anderem. Mehr noch: Ich habe beschlossen zu lieben. Denn die Fähigkeit zu lieben ist ein großartiges Geschenk, aber sie ist noch viel mehr als das. So formuliert Johannes:

> ≫ *Liebe Freunde, lasst uns einander lieben, denn die Liebe kommt von Gott. Wer liebt, ist von Gott geboren und kennt Gott. Wer aber nicht liebt, kennt Gott nicht – denn Gott ist Liebe.*

1. Johannes 4,7-8

Ich bin in seinem Bild geschaffen, also bin ich geschaffen zu lieben. Wenn ich liebe, bin ich lebendig. Die Furcht vor Verlust hingegen isoliert mich und lässt mich innerlich verkümmern. Lieben aber kann ich nur mit einem offenen Herzen und ein offenes Herz ist verletzlich. Nur ein offenes, lebendiges Herz spürt den Schmerz. Es ist also ein gutes Zeichen, wenn uns das passiert.

Ich fürchte den Schmerz noch immer. Aber meine größte Angst, mein Herz könnte am Schmerz zerbrechen, ist unbegründet. An dieser Stelle vertraue ich dir ein Geheimnis an. Gott flüsterte es in einer dunklen Stunde in mein Ohr. Er sagte: »Ein weiches Herz kann nicht zerbrechen.« Das stimmt. Nur ein hartes Herz kann zerbersten. Es lohnt sich also, sein Herz weich zu lassen. Denn es kann mit Schmerz umgehen. Schmerz kann sogar unser Herz weiter machen, weil er unsere Aufmerksamkeit auf das lenkt, was heil werden muss, damit wir noch freier werden zu lieben. Im Schmerz kann Gottes Güte erkennbar werden.

Ein weiches Herz kann nicht zerbrechen.

Auf der Suche nach Wahrheit über Gott lande ich oft bei den Psalmen. König David, der einige der Psalmen verfasst hat, wendet sich mit seiner Not immer wieder an Gott. Als er den Psalm 62 schreibt, leidet er unter Menschen, die ihm schaden wollen. Doch er weiß, dass Gott zu ihm steht:

>> *Ich will fest auf Gott vertrauen, denn er ist meine Hoffnung. Er ist mein Fels und meine Hilfe, meine Burg, in der mir nichts geschehen kann. Meine Rettung und meine Ehre kommen allein von Gott. Er ist meine Zuflucht, ein sicherer Fels, auf dem kein Feind mich erreicht. Vertraue allezeit auf ihn, mein Volk. Schütte dein Herz vor ihm aus, denn Gott ist unsere Zuflucht.*

Psalm 62,6-9

Diese Einladung gilt auch mir. Sie gilt, wenn ich mich für meine Gefühle schäme. Sie gilt, wenn ich mich schwach fühle und nicht über den Dingen stehe. Sie gilt, wenn Menschen mich ablehnen oder missverstehen. Sie gilt auch dann, wenn mir meine eigene Schuld bewusst ist: Ich darf damit zu Gott kommen. Er versteht meine Not und ich erlebe, dass er Wunden heilen kann. Heilung passiert oft entsetzlich langsam, aber unser Schöpfer weiß, dass unser Herz Zeit braucht. Er ist ein guter Herzchirurg. Willst du ihm vertrauen?

Was uns wirklich kaputt macht, ist also nicht der Schmerz, sondern es sind die Wunden, die entstehen, wenn wir Schmerz aus dem Weg gehen. Denn um Schmerz zu verdrängen, müssen wir unser Herz abhärten. Und das trennt uns voneinander und auch von Gott. Hast du schon einmal erlebt, wie Schmerz dich von Gott entfremdet hat? Doch unser Schöpfer will unsere Herzen wiederherstellen. Er will uns fähig machen, zu lieben und uns lieben zu lassen – wir müssen nur seine Einladung annehmen und unseren Schmerz zu ihm bringen.

Du wirst erleben, dass alles, was dich näher an Gottes Herz treibt, dir zum Segen werden wird – sogar dein Schmerz. Dein Schmerz ist bedeutungsvoll.

Jetzt wird's praktisch

Nimm dir einen Moment Zeit. In welchen Bereichen deines Lebens hat sich dein Schmerz als wichtig und hilfreich erwiesen? Schreibe deine Gedanken hier auf.

....

....

....

....

....

Die Angst vor Ablehnung belügt und beraubt uns. Unser Herz abhärten zu wollen, erscheint uns weise, aber damit schützen wir es nicht vor Verletzungen, sondern verbauen uns die tiefen, intimen Begegnungen, nach denen wir uns so sehnen. Aus welchen Beziehungen hast du dich zurückgezogen? Für wen möchtest du dein Herz neu öffnen, um Raum für Nähe zu schaffen?

Welche Not willst du Gott heute anvertrauen? Öffne ihm dein Herz.

Dein Herz schmerzt momentan? Frage deinen Vater im Himmel, was er sieht. Vielleicht möchte er eine Lüge aufdecken, vielleicht musst du jemandem vergeben. Schreibe auf, was dir in den Sinn kommt ... ja, genau das!

....

....

....

....

> *Vater,*
> *danke, dass du mein Herz kennst. Du siehst den Schmerz und kennst meine Angst. Danke, dass ich damit zu dir kommen darf. Ich will mich auch von den schmerzhaften Erfahrungen nicht entmutigen lassen, sondern will sehen und staunen, wie du mein Herz durch sie weich machst und heilst. Danke, dass du der Meistertöpfer bist.*
> *Amen.*

Acht
Das Abdrehen

Dein Versagen ist bedeutungsvoll.

Give me eyes to see beyond
this moment here
To believe there's nothing left to fear
That you alone are high above it all
For you my God are greater still.[13]

The greatness of our God, Hillsong

Woran halte ich mich fest, wenn ich erkennen muss, dass ich nicht die bin, die ich so gerne wäre? Wohin flüchte ich, wenn ich über mich selbst erschrecke? Wem kann ich mich anvertrauen, wenn ich mich zutiefst schäme? Und bin ich noch liebenswert, wenn ich an einem Ort feststecke, an dem ich nie sein wollte?

Ich persönlich habe in einer der dunkelsten Zeiten in meinem Leben auf diese Fragen eine Antwort gefunden. Denn in dieser Zeit hat Gott mir sein freundliches Gesicht gezeigt. Niemals hätte ich erwartet, dass er so freundlich sein könnte. Mein Herz war in Not. Ich habe schon davon erzählt: Meine Ehe fühlte sich damals so einsam ein, dass ich nicht glauben konnte, dass es jemals anders sein würde. Ich sehnte mich nach Aufmerksamkeit und Nähe und war doch völlig unfähig, sie anzunehmen. So dachte ich, davonzulaufen sei die einzige Lösung – aber ich wollte doch keine Scheidung! Nein, ich wollte glauben, dass Gott eine gemeinsame Zukunft für meinen Mann und mich hatte. Aber ich fühlte mich so leer, so ernüchtert, so allein.

Die Zeit am Morgen, in der ich mich zu Gott flüchte, war schon damals immer der ehrlichste Moment meines Tages. Ich wusste nicht, wem ich mich sonst hätte anvertrauen können. Daher hoffte ich so sehr, Gott würde mich verstehen, erwartete aber gleichzeitig, dass er sich enttäuscht von mir abwenden würde. Enttäuscht von meiner Schwäche, abgestoßen von meiner Unfähigkeit, meinen Mann so zu lieben, wie ich es wollte. Aber er stieß mich nicht fort. Zu meiner großen Überraschung hatte er offene Arme für mich.

Das Worship-Lied »The greatness of our God« begleitete mich während dieser Zeit. Wieder und wieder hörte ich es, bis mein Herz ruhiger wurde. Ich wollte seine Worte so sehr glauben: dass Gott eine Zukunft für uns hatte und unsere Ehe vor dem Scheitern bewahren würde. Deshalb sang ich die Wahrheiten, bis sie den Schmerz in meinem Herz erreicht hatten und Hoffnung in mir wuchs. Hoffnung darauf, dass eine bessere Zeit kommen würde, auch wenn ich sie noch nicht sehen konnte.

> *Gott ist größer als mein Versagen, größer als meine Not, größer als meine Angst. Und er ist gut.*

Während dieser Zeit habe ich erlebt, dass er nicht ungeduldig mit den Augen rollt, wenn ich nicht so funktioniere, wie ich selbst es von mir erwarte. Ich habe erlebt, dass er mich ermutigt, weiterzugehen und ihm zu vertrauen, weil er gute Gedanken über mich hat. Ich habe erlebt, dass er meinen Wunsch, nicht aufzugeben, wertschätzt.

Als ich dann endlich glauben konnte, dass ich liebenswert war, auch wenn ich nichts geben konnte, heilte mein Herz. Erst da drang die Liebe meines Mannes zu mir durch. Heute bin ich Gott unendlich dankbar für diese Zeit. Denn seit dieser Erfahrung fällt es mir leichter, authentisch zu sein – gegenüber Gott, mir selbst und anderen. Die amerikanische Psychologin Brené Brown formuliert: »Unsere Unvollkommenheiten [sind] keine Unzulänglichkeiten ...; vielmehr schenken sie uns die Gewissheit, dass wir alle im gleichen Boot sitzen. Wir sind unvollkommen, aber gemeinsam unterwegs.«[14]

Es braucht viel Mut, sich der eigenen Unzulänglichkeit zu stellen. Und es ist ein schmerzhafter Prozess. Und doch kann dieser uns in eine nie gekannte Freiheit führen. Die kostbare Wahrheit der folgenden Anekdote möchte ich mit dir teilen – ob der Dialog genauso stattgefunden hat oder nicht, ist dabei unwichtig:

>> *Der Papst traf auf den Künstler Michelangelo und fragte ihn: »Verraten Sie mir das Geheimnis Ihres Genies, wie haben Sie die Statue von David erschaffen, dieses Meisterwerk der Meisterwerke?« »Ganz einfach«, antwortete Michelangelo, »ich entfernte alles, was nicht David war.«*

Die Erkenntnis der eigenen Unzulänglichkeit kann uns leicht die Freude am Leben rauben. Aber was wäre, wenn Gott uns durch unser eigenes Versagen an einen Ort führen will, an dem wir ihm erlauben, alles Unnötige zu entfernen? All das, was verhindert, dass der Mensch sichtbar wird, den Gott sich erdacht hat – wie beim David von Michelangelo? Beim Töpfern nennt man diesen Vorgang Abdrehen.

Das Abdrehen

Wenn das Tongefäß leicht angetrocknet ist, wird es abgedreht. Dazu setzt der Töpfer sein Werk zurück auf die Drehscheibe. Diesmal andersherum. So, dass das abgeschnittene Fundament nach oben zeigt.

Das Gefäß wird so auf der Scheibe platziert, dass es zentral steht, und dann mit mehreren Tonstücken auf der Drehscheibe fixiert. Während sich das Werk erneut dreht, entfernt der Töpfer den überflüssigen Ton mit einer Metallschlinge, die er gegen das Gefäß hält.

Durch das Abdrehen bekommen hauptsächlich der untere Teil des Gefäßes und der Fuß seine endgültige Form. **Ein erfahrener Töpfer wird nicht viel Material entfernen, sondern nur die Form deutlicher herausarbeiten.**

Ist das Abdrehen beendet, ritzt der Töpfer sein persönliches Zeichen oder seine Initialen in den Boden des Werkes. Jetzt ist es unverwechselbar. Bevor das Gefäß zum ersten Mal gebrannt wird, kommt es nun zunächst zurück ins Regal.

Es ist Gnade

Mir eingestehen zu müssen, dass ich dem Bild nicht gerecht werde, das ich selbst von mir habe, hat mich oft in Not gebracht. Bis ich erleben durfte, dass diejenigen, auf die es ankommt, meine Unvollkommenheit längst erkannt haben. Gott lehnt mich nicht ab und die Menschen, die mich lieben, tun das auch nicht.

Am härtesten gehe immer ich selbst mit mir ins Gericht. Ich klage mich an, lehne mich ab, und wenn ich nicht aufpasse, versinke ich sogar in Selbstmitleid. Leider bemerke ich meist erst zu spät, dass ich nur deshalb so enttäuscht von mir bin, weil ich dachte, ich wäre vollkommener. Oh ja, mein Versagen offenbart mir, auf welch hohem Ross ich oft sitze und wie stolz ich bin. Aber der Schmerz darüber ist heilsam. Denn meinen Stolz zu erkennen, ist der erste Schritt in die richtige Richtung.

> **Ich bin oft nur deshalb so enttäuscht von mir, weil ich dachte, ich wäre vollkommener.**

Es tut mir gut, meinen Stolz bei ihm abzulegen. Je öfter ich das tue, desto öfter staune ich über Gottes große Liebe zu mir. Denn die Furcht davor, abgelehnt zu werden – auch von ihm –, steckt tief in meinem Herzen.

Doch Gottes Vergebung steht mir offen. Er bietet mir seine Gnade an, wann immer ich mich ihm in meiner Not zuwende. Das ist eine der kostbarsten Entdeckungen meines Lebens: Gottes Gnade ist tatsächlich genug. Folgende Stelle macht mir dann Mut, weil sie mich auffordert, die Gnade nicht als Add-on zu betrachten, sondern als Herzstück unseres Glaubens. Sie zu ignorieren hat fatale Konsequenzen für mich und die Menschen in meinem Leben.

>> *Ich hatte deine Gnade vor Augen, deine Treue bestimmte meinen Weg.*

Psalm 26,3; NGÜ

>> *Achtet darauf, dass niemand sich selbst von Gottes Gnade aus-schließt! Lasst nicht zu, dass aus einer bitteren Wurzel eine Gift-pflanze hervorwächst, die Unheil anrichtet.*

Hebräer 12,15; NGÜ

Ich lebe aus der unverdienten Gnade Gottes. Er hat Ja zu mir gesagt, als ich noch nichts von ihm wissen wollte. Er war bereit, mit seinem Leben zu bezahlen, damit ich den Lohn für meine Sünde nicht selbst tragen muss. Und weil er an meiner Stelle die Gottesferne ertrug, sind Gottes Gnade und Nähe für mich verfügbar. Jedes Mal neu.

Seine Gnade verändert sich nicht – seine Gnade verändert mich.

Denn seine Gnade verändert sich nicht – seine Gnade verändert mich. Sie formt mich mehr und mehr zu seinem Meisterwerk, indem sie alles Störende entfernt.

Erlaube ich Gott und anderen, mich auch dann zu lieben, wenn ich versagt habe, dann macht mich diese Erfahrung nahbarer. Denn je weniger ich von mir selbst erwarte, fehlerlos zu sein, desto mehr Freiraum gebe ich auch anderen Menschen. Und ich brauche keine Angst zu haben: Unser Vater im Himmel hat nicht nur den Weg zu ihm freigekämpft, er stellt dir und mir auch Menschen zur Seite, die das Liebenswerte in uns sehen und sich von unseren rauen Kanten nicht abhalten lassen, uns zu lieben. Ein wundervolles Geschenk.

Das Café, meine Fähigkeiten und meine Grenzen

Ich habe bereits davon erzählt, wie ich 2010 die Gelegenheit bekam, die Leitung für das Café einer Freundin zu übernehmen. Fast hät-te ich das Angebot ausgeschlagen – aus Angst, der Aufgabe nicht gewachsen zu sein. Aber solche Gelegenheiten sind besondere Mo-mente. Sie geben uns die Möglichkeit, unserem Leben eine neue Richtung zu geben und unseren Träumen näher zu kommen. Sie er-lauben uns oft, Gott in Aktion zu sehen. Aber ich übersehe sie leicht.

Um sie zu erkennen und zu nutzen, brauchen wir Weisheit, gute Ratgeber und Ratgeberinnen und Mut. Denn die Zeitspanne für das Ergreifen einer solchen Gelegenheit ist in den meisten Fällen kürzer als erwartet.

Die Café-Anfrage war eine solche Gelegenheit. Nachdem ich mir also über meine Werte und Träume Gedanken gemacht hatte, sprach ich mit meinem Mann und unseren Kindern darüber – denn unser Leben würde sich deutlich ändern, wenn ich an mehreren Tagen der Woche nicht wie gewohnt zu Hause wäre. Es ging dabei auch um ganz praktische Fragen: Wo würden unsere Kinder zu Mittag essen und ihre Hausaufgaben machen, wer kümmerte sich am Wochenende um die Einkäufe und wer saugte das Haus? Der Gedanke daran, ein zusätzliches Einkommen zu haben, gefiel uns allen, und wir hofften, es könnte uns Freiräume verschaffen – zum ersten Mal als Familie in den Urlaub fahren zum Beispiel.

Nach fünf Wochen Bedenkzeit sagte ich zu. Nach den Sommerferien würde es losgehen. Ich freute mich auf die neue Herausforderung, las Fachliteratur und machte lange Listen mit Ideen: Das Café sollte ein Ort der Begegnung sein. Ich wünschte mir eine gemütliche Atmosphäre. Die Mitarbeiter und Mitarbeiterinnen sollten engagiert sein und guten Service genauso lieben wie ich. Unsere Gäste mit hochwertigen Speisen zu verwöhnen, gehörte natürlich auch dazu. Nicht ganz unwichtig waren auch die Finanzen und die Wirtschaftlichkeit.

Die folgenden elf Monate waren ein Abenteuer, das ich nicht missen möchte. Ich stürzte mich in die neue Herausforderung. Da ich mir die Aufgaben mit der Miteigentümerin teilte, war ich in

Meine Stärken und meine Schwächen wurden schnell offensichtlich.

erster Linie für die Angestellten und den Kundenkontakt zuständig. Darin ging ich völlig auf. Selbst die langen Samstage und Sonntage machten mir nichts aus. Ich war ganz in meinem Element. Als meine Kollegin dann aus gesundheitlichen Gründen ausfiel, musste ich zusätzlich die organisatorischen Dinge übernehmen. So war ich zuständig für die Einkäufe und Bestellungen, das Schreiben von Arbeitsplänen und Rechnungen und die tägliche Kontrolle und Instandhaltung der Geräte und Waren. Diese Aufgaben waren eine größere Herausforderung als erwartet. Ich musste diese Dinge an meinen freien Tagen erledigen.

Ich habe während dieser Zeit viel über mich gelernt. Meine Stärken waren leicht zu erkennen. Auch wenn größter Betrieb herrschte, war ich guter Laune und liebte den Kontakt zu unseren Gästen. Die Zusammenarbeit mit den Angestellten fiel mir leicht. Doch meine Schwächen wurden ebenso offensichtlich. Ich verkalkulierte mich bei den Vorbereitungen. Machte Fehler bei den Arbeitsplänen. Es war sehr schwer, zuverlässige Angestellte zu finden, die regelmäßig arbeiten wollten, und bald schon wurde die Überforderung zu meinem ständigen Begleiter.

Die neue Aufgabe machte mir Freude, aber die Belastung offenbarte unter anderem, dass wir unsere Ehe vernachlässigt hatten. Die wenige Zeit, die Serge und ich zusammen hatten, endete häufig in Streit. Den Kindern gefiel es, im Café zu Mittag essen zu können, aber die Kontrolle der Hausaufgaben bekam ich nicht auf die Reihe. Die unendliche Geduld, die mich bei der Arbeit auszeichnete, verlor ich in der Folge ihnen gegenüber viel zu oft. Und wenn ich endlich mal ein Wochenende freihatte, war ich in Gedanken bei der Arbeit, ständig in Sorge, ob ohne mich alles lief.

Ich arbeite gerne und ich bin grundsätzlich sehr positiv eingestellt. Aber nach einer Weile spürte ich immer häufiger, wie mich Zweifel quälten, ob es die richtige Entscheidung gewesen war, diese Aufgabe anzunehmen. Noch heute wundert mich, wie lange ich mir den Gedanken, die Leitung wieder abzugeben, nicht gestattete. Insgeheim hoffte ich darauf, dass mir jemand diese Entscheidung abnehmen würde. Ich wollte weder vor mir selbst noch vor einer anderen Person zugeben, dass ich überfordert war.

Letztlich war es meine Freundin, die sich dazu entschied, das Café zu schließen. Wirtschaftlich rentierte es sich einfach nicht. Das war ein schwarzer Tag für mich. Das Einzige, was ich sehen konnte, war mein Versagen. Ich hatte ihre und meine Erwartungen enttäuscht. Alles, woran ich denken konnte, war die Furcht vor dem, was andere über mich denken und was sie hinter meinem Rücken über mich sagen würden. Es war die nackte Angst vor Ablehnung, die mich quälte.

Doch meine Sorge bewahrheitete sich nicht. Im Gegenteil. Die Menschen, die mir wirklich etwas bedeuteten, standen zu mir und ermutigten mich, auf das zu schauen, was mir in dieser Zeit gelungen war. Sie ließen sich von dem, was ich Versagen nannte, nicht beeindrucken.

Weil du es sagst ...

Fürchtest du dich zu versagen? Die Wahrheit ist: Das bleibt keinem von uns erspart. Aber die Überraschung ist: Versagen kann uns Menschen näher zueinander bringen, wenn wir es einander erlauben. Diese Einsicht hatte ich damals nicht. Und heute staune ich darüber, wie leicht es mir fällt, unvollkommen zu sein. Ich habe erlebt, dass ich scheitern darf, weil die Wertschätzung derer, die zählen, davon nicht abhängig ist. Diese Lektion ist unbezahlbar. Ich wünsche dir, dass du es wagst, zu deinem Versagen zu stehen. Es ist eine wunderbare Chance, unseren Mitmenschen und Gott ganz neu zu begegnen.

Auch in der Bibel werden die Helden und Heldinnen mitsamt ihrer Schwächen und ihres Versagens beschrieben. Das finde ich äußerst ermutigend. Von einer solchen Person lesen wir zum Beispiel im Lukasevangelium:

> **Unser Versagen ist eine wunderbare Chance, unseren Mitmenschen und Gott ganz neu zu begegnen.**

Es ist Vormittag. Eine lange – und erfolglose – Nacht liegt hinter dem jungen Fischer. Er ist erschöpft. Nach dem Reinigen der Netze wird er sich erst einmal schlafen legen. Doch Jesus durchkreuzt seinen Plan. Denn der Rabbi braucht ein Boot, um zu den Menschen zu sprechen, die sich um ihn drängen. Das Boot des jungen Fischers. Nach seiner Predigt fordert Jesus ihn dazu auf, mit dem Boot noch einmal aufs Wasser zu rudern und die – frisch gereinigten – Netze erneut auszuwerfen. Was wird Simon, der junge Mann, tun?

>> *Als er (Jesus) mit seiner Predigt fertig war, sagte er zu Simon: »Nun fahr weiter hinaus und wirf dort deine Netze aus, dann wirst du*

viele Fische fangen.« »Meister«, entgegnete Simon, »wir haben die ganze letzte Nacht hart gearbeitet und gar nichts gefangen. Aber wenn du es sagst, werde ich es noch einmal versuchen.«

Lukas 5,4-5

Simon wagt einen mutigen Schritt. Er entscheidet sich, diesem Jesus zu vertrauen, den er kaum kennt. Ich stelle mir vor, wie Jesus in seiner Predigt davon gesprochen haben könnte, wie wichtig es sei, nicht aufzugeben. Davon, dass es sich lohnt, wieder aufzustehen, etwas noch einmal zu wagen, selbst wenn es mühsam ist. Aber ganz egal, wovon Jesus gesprochen hatte: Simon reagiert mit Glauben. Er zieht die Netze zurück ins Boot und rudert mit seinem Kollegen auf den See zurück. Am helllichten Tag – ein Unding für jeden Fischer.

Wenn ich Menschen auf Abstand halte, bis ich perfekt bin, verpasse ich ihre Zuneigung.

Wenn ich davor zurückschrecke, etwas erneut zu versuchen, weil es schon einmal misslungen ist, ist mir meistens mein Stolz im Weg.

Ich möchte erfolgreich sein. Ich will, dass andere mich so sehen, wie ich gerne wäre, auch wenn ich es nicht bin. Aber dieser Stolz trennt mich von Gott und von anderen Menschen. Ich vergesse, dass meine Mitmenschen mich längst erkannt haben. Sie sehen mich schon lange, wie ich bin, währenddessen ich noch versuche, ihnen nur die schöne Seite von mir zu zeigen. Und während ich sie auf Abstand halte, bis ich perfekt bin, verpasse ich ihre Zuneigung. Dabei gibt es kaum etwas Schöneres, als so angenommen zu werden, wie man wirklich ist. Mich meinem Versagen zu stellen und meine Unvollkommenheit anzuerkennen, ist der erste Schritt dazu.

Simon, der Fischer, traf die bessere Entscheidung. Seine Erfahrung ist für uns niedergeschrieben, um uns herauszufordern und zu ermutigen, nach einem gefühlten Versagen nicht aufzugeben. Denn nicht nur ein großer Fang, sondern sogar eine neue Berufung war das Ergebnis seines Mutes.

> *Diesmal waren ihre Netze so voll, dass sie zu reißen begannen! Sie riefen nach ihren Gefährten in dem anderen Boot, und bald darauf waren beide Boote so voller Fische, dass sie unterzugehen drohten. Als Simon Petrus begriff, was da geschehen war, fiel er vor Jesus auf die Knie und sagte: »Herr, kümmere dich nicht weiter um mich – ich bin ein zu großer Sünder, um bei dir zu sein.« Denn beim Anblick des überreichen Fangs hatte ihn Ehrfurcht erfasst, und den anderen ging es genauso. Auch Jakobus und Johannes, die Söhne des Zebedäus, waren voller Staunen. Jesus sagte zu Simon: »Hab keine Angst! Von jetzt an wirst du Menschen fischen!«*

Lukas 5,6-10

Lass nicht zu, dass dein Versagen dich davon abhält, etwas erneut zu versuchen. Traue Jesus zu, dich zu überraschen.

Lass dich sehen, lass dich lieben

Der Töpfer dreht das Gefäß ab, bis die Form, die er sich vorgestellt hat, deutlich zu sehen ist. Michelangelo entfernte alles, was nicht David war. Willst du deinem Vater im Himmel erlauben, das zu entfernen, was dich daran hindert, du selbst zu sein – vielleicht deinen Stolz oder deine Angst vor Ablehnung? Dann fürchte dich nicht vor Versagen. In der Hand unseres Meistertöpfers wirst du heil. In einem Lied von Leonard Cohen klingt das so: »Alles hat einen Riss. Nur so kommt Licht hinein.«[15]

Erst durch unsere Risse kann die Liebe anderer Menschen zu uns durchdringen.

Ich lebte viel zu lange mit der Angst, meine »Risse« zu zeigen. Ich dachte, Menschen würden mich ablehnen. Doch diese Lüge hat mir so viel Schönes geraubt. Wie vielen Menschen habe ich dadurch nicht erlaubt, mich zu lieben? Die Wahrheit ist: Erst durch unsere Risse kann Licht, das heißt die Liebe anderer Menschen, zu uns durchdringen.

So ging es Simon Petrus. Er erlebt ein Wunder und er erlebt Gemeinschaft mit anderen. Das Scheitern der Nacht ist vergessen. Aber er erlebt noch mehr: Er begegnet seinem Gott und dessen Freundlichkeit. Denn auch wenn er sich für unwürdig betrachtet, hält das Jesus nicht davon ab, gut zu ihm zu sein und ihn berufen zu wollen. So ist es auch bei uns: Gott reagiert anders auf unser Versagen, als wir es erwarten. Dem freundlichen Gott zu begegnen, verändert unser Herz. Auch der Apostel Paulus, der den größten Teil des Neuen Testaments geschrieben hat, lebte aus dieser Erfahrung. Davon schreibt er im zweiten Brief an die Korinther:

>> *Jedes Mal sagte er [Gott]: »Meine Gnade ist alles, was du brauchst. Meine Kraft zeigt sich in deiner Schwäche.« Und nun bin ich zufrieden mit meiner Schwäche, damit die Kraft von Christus durch mich wirken kann. Da ich weiß, dass es für Christus geschieht, bin ich mit meinen Schwächen, Entbehrungen, Schwierigkeiten, Verfolgungen und Beschimpfungen versöhnt. Denn wenn ich schwach bin, bin ich stark.*

2. Korinther 12,9-11

Wundersames passiert oft da, wo wir völlig von Gott abhängig sind. Solange ich selber stark bin und glaube zu wissen, wo es langgeht, entgeht mir diese Erfahrung. Aber im Scheitern entdecke ich immer wieder aufs Neue, wie sehr Gottes Herz mir zugewandt ist und wie erschreckend wenig ich das erwarte. Meine Schritte mögen fehlschlagen, seine nicht. Mein Versagen ist eine großartige Chance, meinen Herrn und Gott besser kennenzulernen. Erlaube ich ihm und anderen, mich auch dann zu lieben, wenn ich denke, es nicht verdient zu haben, entdecke ich Gnade. Dann erlebe ich, dass Gott für mich ist.

Jetzt wird's praktisch

Gibt oder gab es in deinem Leben eine Niederlage, die du versuchst, **zu** ignorieren? Gehe heute einen Schritt. Schreibe sie hier auf.

Bekenne deine Gedanken und Gefühle dazu. Bitte Gott um Vergebung, wo es nötig ist, und nimm seine Vergebung an.

Dein Versagen ist bedeutungsvoll. Es hindert Gott nicht daran, dich zu lieben und zu beschenken. Im Gegenteil. Seine Gnade und Liebe zu erleben, wenn du am wenigsten damit rechnest, kann dein Herz von Stolz und Angst befreien. Du wirst fähig, Liebe anzunehmen und zu lieben – und das ist es, was ein Leben lebenswert macht.

>> *Der Papst traf auf den Künstler Michelangelo und fragte ihn: »Verraten Sie mir das Geheimnis Ihres Genies, wie haben Sie die Statue von David erschaffen, dieses Meisterwerk der Meisterwerke?« »Ganz einfach«, antwortete Michelangelo, »ich entfernte alles, was nicht David war.«*

> *Vater,*
> *danke, dass du längst weißt, was in mir steckt und wer ich bin. Danke,*
> *dass mein Versagen mich nicht unwürdig macht, sondern nahbarer.*
> *Ich will mich nicht mehr davor fürchten. Du lehnst mich nicht ab.*
> *Möge diese Wahrheit mein Herz ruhig machen.*
> *Amen.*

Neun
Das Trocknen

Dein Alltag ist bedeutungsvoll.

Das Tagtägliche erschöpft mich.[16]

Ludwig van Beethoven

Ich denke oft, dass mich mein Alltag mit seinen immer wieder-kehrenden und eintönigen Aufgaben davon abhält, ein bedeutsames Leben zu führen. Es geht mir gar nicht darum, dass die vielen wiederkehrenden Tätigkeiten den Alltag beschwerlich machen. Es geht mir um die Tatsache, dass ich so viel Zeit in Dinge investiere, die keiner zu bemerken scheint. Die meisten Handgriffe werden kaum wertgeschätzt. Wie kann mein Engagement bedeutungsvoll sein, wenn es von anderen nur dann gesehen wird, wenn ich es nicht erledigt habe? Wem fällt auf, wenn ich eine gute Entscheidung getroffen habe? Und wem, dass ich mich ein weiteres Mal aufgerafft und meine Aufgaben zu Ende gebracht habe?

Kann mein Alltag bedeutungsvoll sein?

>> *Und alles, was auch immer ihr tut oder sagt, soll im Namen von Jesus, dem Herrn, geschehen, durch den ihr Gott, dem Vater, danken sollt!*

Kolosser 3,17

Paulus schreibt diese Worte an Menschen, die zum Glauben gekommen sind, und ermahnt sie, dass sich in ihrem Alltag zeigen muss, was sie glauben. Nicht, was wir sagen und behaupten, ist bedeutsam, sondern das, was wir in unserem täglichen Leben umsetzen. Denn das ist es, was meine Mitmenschen von mir erleben. Mein Mann, meine Kinder, meine Freundinnen, Nachbarinnen oder Arbeitskollegen. Wären die Kassiererin oder der Postbeamte, denen ich jede Woche begegne, überrascht, wenn sie wüssten, dass ich Jesus nachfolge?

Mein Alltag ist bedeutsam, weil er mir die Gelegenheit dazu gibt, in die Praxis umzusetzen, wer ich sein und was ich leben will.

>> *Da Gott euch erwählt hat, zu seinen Heiligen und Geliebten zu gehören, seid voll Mitleid und Erbarmen, Freundlichkeit, Demut, Sanftheit und Geduld. Seid nachsichtig mit den Fehlern der anderen und vergebt denen, die euch gekränkt haben. Vergesst nicht, dass der Herr euch vergeben hat und dass ihr deshalb auch anderen vergeben müsst. Das Wichtigste aber ist die Liebe.*

Kolosser 3,12-14

Die Herausforderung meines Alltags ist es, meine Herzenshaltung zu bewahren, geduldig und freundlich zu bleiben, an jedem Tag aufs Neue. Meine Aufgaben auch dann zuverlässig zu erledigen, wenn

Nicht, was ich tagaus und tagein tue, macht mich aus, sondern *wie* ich es tue.

ich nie einen Dank dafür bekomme. Warum? Weil der Alltag der Teil meines Lebens ist, der meinen Charakter festigt. Nicht, was ich tagaus und tagein tue, macht mich aus, sondern *wie* ich es tue, mit welcher Motivation. Mein Alltag ist bedeutungsvoll, weil ich gute Gewohnheiten nur bewahren kann, wenn ich sie in mein alltägliches Leben integriere. Zeige mir, wie du deine Tage verbringst, und ich sage dir, was dir wichtig ist.

Mein Alltag ist auch all das, was ich tue, während ich auf Gelegenheiten warte, meine Träume zu verwirklichen. Und während die Jahre ins Land gehen, lerne ich Treue und Geduld. Denn manchmal scheint es, wir haben schon darüber gesprochen, als würde die Erfüllung unserer Träume immer unwahrscheinlicher. In unserem Alltag stellt sich dann die Frage: Hat Gott mich vergessen? Und kann ich diejenigen lieben, denen alles in den Schoß zu fallen scheint, während ich warten muss?

Das Trocknen

Das Trocknen ist völlig unspektakulär. Äußerlich passiert rein gar nichts. Die Gefäße stehen im Regal, als hätte der Töpfer sie dort vergessen. Aber das Trocknen ist so wichtig wie jeder andere Schritt auch. Je kühler der Raum, in dem die Gefäße stehen, desto langsamer ist der Prozess. Und das ist wichtig. Denn ungleichmäßiges Trocknen kann zu Rissen führen, weil die Gefäße am Boden meist dicker sind als an den Seiten.

Der Ton muss vollständig durchgetrocknet sein, bevor er gebrannt werden kann, wodurch das Gefäß wasserdicht und stoßfest gemacht wird.

So stehen die Gefäße also im Regal und trocknen. **Die Zeit des Trocknens ist unerlässlich.**

Normalität

So ist es auch in meinem Leben. Das Bild vom Trocknen ist ein passendes Bild für das, was meinen Alltag ausmacht. Manchmal denke ich, da passiert nicht viel, nichts Nennenswertes. Doch der Schein trügt. Im Alltag wird deutlich, wer ich wirklich bin.

Wie beginne ich meine Tage? Mit welcher Haltung begegne ich meinen Mitmenschen? Wie erledige ich meine Aufgaben? Grüße ich selbst meinen grimmigen Nachbarn mit einem Lächeln? Lasse ich sogar einer aufdringlichen Person an der Kasse den Vortritt? Bedanke ich mich bei der Erzieherin für ihre Freundlichkeit mit meinem bockigen Dreijährigen? Höre ich dem Kunden mit den vielen Extrawünschen aufmerksam zu? Ich erkenne viel über mich selbst, wenn ich die Kaffeetasse meines Mitarbeiters zum x-ten Mal in die Geschirrspülmaschine räume, weil er selbst es nicht tut.

Alltag ist, wie ich lebe, auch wenn keiner zuschaut. Der Alltag zeigt meinen Charakter, meine Werte, meine Treue oder eben nicht. »Alltag ist die Abwesenheit von Weihnachten, großer Liebe und Krieg«, sagte der Schriftsteller Max Goldt.[17] Er ist mehr als ein Trainingsfeld für den Ernstfall. Unser Alltag *ist* unser Leben. Es ist bedeutungsvoll, mit welcher Haltung ich durch meinen Tag gehe, weil sie mein Umfeld beeinflusst. Was spiegeln mir meine Mitmenschen?

> **Die Haltung, mit der ich durch meinen Tag gehe, beeinflusst meine Stimmung und mein Umfeld.**

Meine Einstellung hat auch Auswirkungen auf meine Stimmung, nicht nur die von heute, sondern auch die von morgen. Wie zuverlässig ich heute bin, beeinflusst, welche größeren Aufgaben mir in der Zukunft anvertraut werden können. Jeder Tag zählt. Und es gibt einen, der mein Herz sieht. Einen, der meine Träume kennt. Einen, der meine Zuverlässigkeit, meinen Dienst wahrnimmt. Es gibt einen, der Gutes für mich plant, während ich lerne zu lieben. Gott hat mich nicht vergessen.

Vor ein paar Jahren bekamen wir mal wieder eine Anfrage vom Jugendamt und nahmen, so war es geplant, für einige Wochen ein kleines Mädchen bei uns auf. Zuerst freute ich mich über die Aufgabe. Doch als aus Wochen Monate wurden, spürte ich die Unruhe in mir. Ich hatte mich gerade dafür entschieden, das Schreiben zu meinem Beruf zu machen, und fühlte mich dazu bereit, die Welt zu verändern, da machte mir eine quirlige Zweijährige einen Strich durch die Rechnung. Meine Tage waren jetzt wieder gefüllt mit Kindanziehen, Kindausziehen, Essenmachen, Aufräumen, Singen, Windelnwechseln ... was man halt so macht mit Kleinkindern im Alltag. Es war nicht so sehr die Beschäftigung an sich, die an mir zehrte – es war das Gefühl, etwas zu verpassen. Ich fürchtete mein Leben zu verpassen, während ich meine Zeit und Energie in dieses kleine Mädchen investierte. Gab es für mich nichts Wichtigeres zu tun, als Türme zu bauen und vorzulesen?

Ganz nach meiner Gewohnheit klagte ich Gott mein Leid. Ich gebe es offen zu: Ich wollte mein bequemes Leben zurück. Mit fünfzig hatte ich bedeutungsvollere Aufgaben, fand ich. »Papa«, maulte ich, »ich habe doch nur ein Leben. Ich möchte dir dienen und bedeutungsvolle Dinge tun. Stattdessen koche ich Brei für ein Kleinkind. Das habe ich mir anders vorgestellt und jetzt stecke ich hier fest.«

Ich vernahm die liebevolle Stimme Gottes in meinen Gedanken. Er hatte – natürlich – eine ganz andere Perspektive. Seine Worte bestätigten mich nicht. Stattdessen hörte ich: »Was du gerade machst, *ist* dein Leben. Ich will euch beide beschenken. Wie du dieses kleine Mädchen liebst, verändert ihr Leben. Was du sie lehrst, ist keineswegs unbedeutend. Du schenkst ihr Geborgenheit und Vertrauen, du bist präsent, siehst sie, spürst, was sie braucht. Kein Augenblick ist verlorene Zeit, weder für sie noch für dich! Du lernst zu lieben und sie lernt, geliebt zu werden. Es ist eine kostbare Gelegenheit. Nutze sie weise.« Oh, welch wertvolle Erkenntnis:

> *Es gibt keine unbedeutenden Aufgaben, wenn wir sie mit Liebe tun.*

Auf Instagram oder in den Fernsehshows sehen wir nicht den Alltag, sondern Momentaufnahmen. Doch hinter den schillernden Bildern stecken Menschen wie du und ich. Das weiß ich, und doch macht es mich unzufrieden, mein eigenes Leben mit diesen Bildern zu vergleichen. Denn sie wecken Zweifel in mir. Ist unsere Wohnung stylisch genug oder brauchen wir neue Möbel? Ist das, was ich koche, angesagt oder sollen wir unsere Ernährung umstellen? Sind meine Kleider im Trend oder sieht man mir an, wie gerne ich im Secondhandladen einkaufe? Ist mein Leben bedeutungslos, wenn ich keine Follower habe?

Leider ertappe ich mich wiederholt dabei, mir diese Fragen zu stellen. Deshalb brauche ich eine andere Sichtweise. Ich brauche Gottes Blickwinkel. Aus seiner Sicht ist das gemeinsame Buch-Anschauen auf dem Sofa absolut keine Zeitverschwendung. Was ich in diesen Momenten tue? Ich schenke meine Aufmerksamkeit. Wissen wir eigentlich noch, wie es sich anfühlt, wenn uns jemand seine ganze Aufmerksamkeit schenkt? Es fühlt sich gut an – so, als wären wir die wichtigste Person auf der Welt.

Wissen wir noch, wie es sich anfühlt, wenn uns jemand seine ganze Aufmerksamkeit schenkt?

Ich schenke meine Zeit. Ich teile also etwas, das mir kostbar ist, mit einer anderen Person. Damit verleihe ich dieser Person großen Wert. Ich schenke Berührung – das Geschenk der körperlichen Nähe, ohne die keiner von uns leben kann, die Geborgenheit vermittelt. Und ich schenke Gespräch. Ich erlaube meinem Kind, die Welt durch meine Augen zu sehen. Ich gebe dem, was wir anschauen, Namen, und ich versuche zu verstehen, was mein Kind ausdrücken möchte, antworte darauf. Bücher anzuschauen ist viel mehr, als wir denken. Dasselbe gilt für fast jede Tätigkeit im Alltag.

Welche Dinge füllen deinen Alltag aus? Tust du sie mit Liebe? Dann sind sie absolut bedeutungsvoll.

Wer sieht meinen Alltag?

Wie war das eigentlich bei Jesus? Da für die Evangelien vor allem die besonderen Momente aufgeschrieben wurden, kommt es uns manchmal so vor, als wäre Jesus von Wunder zu Wunder gegangen. Doch auch Jesus lebte Alltag, genau wie die Menschen, denen er begegnete. Und wenn wir aufmerksam lesen, dann ertappen wir auch sie bei den alltäglichen Aufgaben.

Petrus reinigte seine Netze, Matthäus zählte seine Einnahmen, die Samariterin kam zum Wasserschöpfen, Marta kochte. Marta? Ich glaube, diese Frau wäre mir eine gute Freundin geworden, wenn ich ihr je begegnet wäre. Beim Lesen der Geschichten über sie wird sie für mich lebendig. Sie war offenbar eine kontaktfreudige Frau, tatkräftig und direkt. Ich kann die Begegnung zwischen Jesus und ihr fast vor mir sehen.

Es war ein ganz normaler Tag, an dem Jesus mit seinen Jüngern das Dorf Betanien durchwanderte. Marta lebte dort, mit ihrer Schwester und ihrem Bruder. Sie sieht Jesus und lädt ihn und seine Gefolgschaft einfach ein. Jesus nimmt die Einladung an (Lukas 10,38).

Was empfinde ich, wenn mein Einsatz nicht beachtet wird?

Marta lebt ihren Alltag. Da ergibt sich eine besondere Gelegenheit und sie ergreift sie. Jesus war mit seinen zwölf Jüngern unterwegs. Das bedeutete Arbeit. Natürlich. Doch dreizehn hungrige Männer schreckten Marta nicht ab. Ich glaube, sie liebte Gäste. Bestimmt war sie für ihre Gastfreundschaft bekannt. Marta machte sich gleich ans Werk. Und ganz selbstverständlich hatte sie damit gerechnet, dass ihre Schwester Maria ihr dabei helfen würde. Aber es kommt anders: »Ihre Schwester Maria saß Jesus zu Füßen und hörte ihm aufmerksam zu« (Vers 39).

Marta ist zwar in ihrem Element, aber es ärgert sie, dass Maria ihr nicht hilft. Es ärgert sie auch, dass Jesus nicht bemerkt, wie viel sie tut. Ich kenne solche Situationen. Sie offenbaren mir, was ich lieber nicht sehen würde: meine Herzenshaltung. Was empfinde ich, wenn mein Einsatz nicht beachtet wird? Leider meistens dasselbe wie Marta. Marta ist sauer. Sie baut sich vor Jesus auf und macht ihrem Ärger Luft: »Herr, ist es nicht ungerecht, dass meine Schwester hier sitzt, während ich die ganze Arbeit tue? Sag ihr, sie soll kommen und mir helfen« (Vers 40).

Martas Anklage ist laut und deutlich. Sie fordert Jesus auf, Maria Beine zu machen: »Du sollst! Sie soll!« Und Jesus reagiert. Allerdings nicht so, wie sie es erwartet. Denn Jesus weiß, was Marta braucht. Er sieht sie – besser, tiefer und klarer, als Martha es sich gewünscht hatte.

Er sieht ihre Arbeit: »Meine liebe Marta, du sorgst dich um so viele Kleinigkeiten!« (Vers 41).

Doch anstatt ihre Schwester zurechtzuweisen, erinnert er Marta an etwas, das sie vor lauter Arbeit vergessen hat. Nämlich daran, *wofür* sie all das tut. Für ihn. Für seine Jünger. Und worum es geht: nämlich um Begegnung, Nähe, Austausch.

Auch ich liebe es, Gäste zu empfangen. Ich freue mich auf die gemeinsame Zeit, bin gespannt darauf, Neues zu hören, Menschen kennenzulernen. Und wie oft ertappe ich mich dabei, dass ich vor lauter Arbeit das Gespräch vergesse. Das Wichtigste verpasse. Ich will lernen, aufmerksam zu sein. Denn womit ich mich tagein, tagaus beschäftige, ist bedeutungsvoll. Wie ich es tue, ist noch wichtiger. In den vielen wiederkehrenden Aufgaben will ich mich daran erinnern, auf meine Herzenshaltung zu achten. Gerade im Alltag, wenn nichts Außergewöhnliches geschieht.

Um mein Herz immer wieder auf das Wichtigste auszurichten, habe ich feste Zeiten eingeplant, die ich nur mit Jesus verbringe. In diesen Momenten bin ich ganz präsent. Ich höre und lese sein Wort. Ich teile mein Herz mit ihm und bete ihn an. Ich schenke ihm meine wertvolle Zeit und bin doch am Ende immer selbst die Beschenkte. In diesen Momenten bin ich ganz wie Maria.

>> *Jesus sagte: »Im Grunde ist doch nur eines wirklich wichtig. Maria hat erkannt, was das ist – und ich werde es ihr nicht nehmen.«*

Lukas 10,42

Was ist es, was wirklich wichtig ist? Ich denke, es ist die Erfahrung, dass Jesus zu mir kommt, wenn ich ihn einlade. Die Erfahrung, dass Jesus sich Zeit für mich nimmt. Ich kann andere lieben, weil mein Herz gefüllt ist von seiner Liebe zu mir. Deshalb möchte ich wie Maria sein, ganz präsent.

Raum schaffen

Hast du eine Idee, wie du in deinem Alltag Raum schaffen kannst für Jesus, der sich Zeit für dich nehmen wird?

Jesus selbst hatte mitten im Alltag offene Augen und ein offenes Herz. Er reagierte auf die Impulse des Heiligen Geistes. Das will ich immer mehr lernen. Denn das Schöne an den alltäglichen Dingen ist die Tatsache, dass sie nicht immer meine ganze Konzentration brauchen. Im Alltag kann ich oft meinen Gedanken nachhängen. Und kann mich so von Jesus unterbrechen lassen, denn er will mir und dir im Alltag begegnen. Es war Alltag, als Petrus seine Berufung fand. Alltag, als Matthäus alles stehen ließ, um mit Jesus ein neues Leben zu beginnen. Alltag, als die Frau am Brunnen endlich Frieden fand. Alltag, als Marta den König dieser Welt in ihr Haus einlud.

> **Ich lebe meinen Alltag und erwarte, dass Gott ihn nutzt und in ihn einbricht.**

Ich will Raum schaffen in meinem Alltag, um Jesus zu begegnen. Ich will lernen, seine Stimme zu erkennen, mich von ihm führen zu lassen. Ich lebe meinen Alltag und erwarte, dass er ihn nutzt und in ihn einbricht. Ich will aufmerksam sein an den vertrauten Orten, an denen ich ein und aus gehe. Möchte achtsam sein, während ich die Dinge tue, die ich immer tue. Wenn ich Menschen begegne, die mich in meiner ganz normalen Woche begleiten. Es ist nicht so schwer, Gottes Stimme zu erkennen, aber er spricht oft sehr leise. Deshalb will ich innehalten. Den Moment leben. Ich will die Schönheit um mich herum, in den Menschen und in der Natur, wahrnehmen und wertschätzen. Ich will treu sein, auch wenn es niemand sieht.

Ich werde sehr wahrscheinlich nie ein neues Medikament entwickeln oder politische Veränderungen hervorrufen, aber mein Leben ist bedeutungsvoll für die Menschen, denen ich begegne. Jedes freundliche Wort und jede freundliche Geste machen das Leben reicher. Auch mein eigenes. Dafür bieten sich im Alltag viele Gelegenheiten. Wie ich hier sitze und schreibe, beobachte ich unseren Nachbarn, der nicht nur seinen eigenen Mülleimer von der Straße rollt, sondern auch den einer anderen Nachbarin. Ich schmunzle, denn genau das meine ich. Die Gelegenheiten im Alltäglichen nutzen, um anderen eine Freude zu machen. Momente wie diese erlebe ich wie Fingerzeige meines Gottes.

So wie das Trocknen der Tongefäße ein notwendiger Schritt beim Töpfern ist, so ist es auch dein Alltag. Auch dann, wenn nichts Besonderes passiert, lebe ihn bewusst! Sei schon heute, wer du sein möchtest. Fülle deinen Tag mit guten Gewohnheiten. Schaffe Raum, um Gott und Menschen zu begegnen, und lass dich überraschen von den Augenblicken, die dich aus dem Trott des Alltags herausholen und dir ein Lächeln aufs Gesicht zaubern. Lebe, was dir wichtig ist, und lerne zu lieben. Warte nicht auf dein Leben. Lebe es.

Jetzt wird's praktisch

Wenn es dir schwerfällt, dir Zeit mit Jesus zu nehmen, dann frage ihn um Rat. Er hat oft erstaunlich gute Ideen. »Herr, wo kann ich Raum schaffen für Zeiten mit dir allein?« Schreibe deine Ideen und Gedanken hier auf.

Erinnerst du dich an einen Moment, wo du dich im Alltag hast unterbrechen lassen und in dem Zuge beschenkt worden bist?

....

....

....

....

....

> *Vater,*
> *danke für meinen Alltag. Danke für die Aufgaben, die ich an jedem*
> *Tag erfüllen darf. Lehre mich, auf mein Herz zu achten, wenn ich*
> *das tue, was ich tue. Gib mir den Glauben, dass es einen Unterschied*
> *macht, mit welcher Haltung ich an meine Aufgaben herangehe.*
> *Danke, dass ich im Alltag lernen kann, treu zu sein. Danke, dass du*
> *siehst, wie ich meine Zeit und Kraft einsetze. Danke, dass du auch jede*
> *kleine Tat belohnen wirst. Und ich möchte lernen, darauf zu achten,*
> *wie du mir im Alltag begegnen willst. Ich brauche ein lebendiges Herz,*
> *um dein Reden zu vernehmen.*
> *Ich möchte mich an meinem Alltag freuen.*
> *Amen.*

Zehn
Die Glasur

Dein Heute ist bedeutungsvoll.

*Denn wo dein Reichtum ist,
da ist auch dein Herz.*

Matthäus 6,21

Ein guter Töpfer kann eine ganze Serie von Tongefäßen drehen, die in Form und Größe identisch sind. Aber es ist nicht das Ziel eines Töpfers, identische Gefäße zu erschaffen. Die Töpferei ist ein Handwerk. Ein Töpfer schafft Originale. Er erschafft Meisterstücke. Und wie wird nun aus einem handgetöpferten Tongefäß ein Einzelstück? Das geschieht beim Glasieren.

Die Glasur

Wenn ein Stück getrocknet ist, wird es ein erstes Mal gebrannt. Diesen Brand nennt man Schrühbrand. Die hohen Temperaturen beim Brennen geben dem Tongefäß Festigkeit und öffnen die Poren des Tons, um der Glasur Halt zu geben. Die Farbe des Tons wird nach dem ersten Brand heller und matt.

151

Erst jetzt kann die Glasur aufgetragen werden. Sie ist ein Gemisch aus fein gemahlenen Mineralmehlen, denen andere Mineralien, Metalle oder Oxide beigemischt werden. Glasuren haben viele verschiedene Farben und können gemischt werden. Sie werden mit dem Pinsel aufgetragen.

Ob die Glasur einfarbig wird oder Muster aufweist, ist dem Töpfer überlassen. Die Intensität der Farben kann beeinflusst werden, indem man sie einfach oder doppelt aufträgt. Eine weitere Möglichkeit ist es, die Gefäße mit der Glasur zu übergießen. Bei Tassen oder ähnlichen Gefäßen beginnt man damit, das Innere zu glasieren. Dazu wird das Tongefäß mit der Glasur ausgeschwenkt. Das muss sehr zügig passieren. Denn ist die Schicht zu dick, kann sie beim Brand abblättern.

Schließlich kann das Gefäß auch in die Glasur getunkt werden. Auch hierbei werden schöne Effekte erzielt.

Beim Glasieren von Hand ist es fast unmöglich, identische Ergebnisse zu erzielen. Denn wie genau sich Glasur und Farbe beim Glasurbrand dann durch die Temperatur verändern, ist immer wieder ein Abenteuer.

Zuletzt gilt: **Die Glasur veredelt das Werk.** Sie macht es wasserdicht und bruchfester. Mit der Glasur macht der Töpfer das Tongefäß unverwechselbar.

Heute ist einzigartig

Unsere Tage reihen sich aneinander wie unglasierte Töpferstücke auf einem Trockenregal. Auf den ersten Blick ähneln sie sich. Wir nennen das Alltag. Und manchmal macht uns das müde.

Doch was aus einem weiteren Tag ein Original macht, ist das Heute. Was vergangen ist, kann ich nicht mehr ändern, und morgen liegt in der Zukunft. Ich lebe heute. Ich lebe jetzt. Ich lebe in diesem Moment. Ich weiß nicht, was morgen sein wird. Ich habe Pläne, Wünsche und Hoffnungen, aber sie liegen alle in der Zukunft. Genau genommen liegen sie im Ungewissen.

Nie war mir das klarer als heute. Ich habe diese wertvolle Wahrheit aus der Corona-Krise gelernt. Wir alle haben Urlaubspläne abgesagt. Haben Hochzeiten verschoben. Haben Geburtstage allein gefeiert und Grillpartys ausfallen lassen. Ich frage mich, ob wir jemals wieder so unbeschwert planen oder reisen werden, wie wir es gewohnt waren. Die Pandemie hat uns herausgefordert, jeden Tag zu nehmen, wie er kommt, denn schon morgen könnten die Verordnungen wieder anders sein. Das hat dem heutigen Tag eine ganz neue Bedeutung gegeben.

> **Was vergangen ist, kann ich nicht mehr ändern, und morgen liegt in der Zukunft. Ich lebe jetzt.**

Wir leben immer nur heute. Ist uns das bewusst? Und was macht den heutigen Tag einzigartig? Ich glaube, es ist unsere bewusste Entscheidung, präsent zu sein. Die Menschen, die uns begegnen, wahrzunehmen. Das Bewusstsein zu schärfen und Gelegenheiten zu nutzen.

Ich ertappe mich immer wieder dabei, wie ich unaufmerksam bin. Oft bin ich mit meinen Gedanken an einem anderen Ort. Manchmal hänge ich in einer bereits vergangenen Situation fest. Ich denke daran, was war und ob ich etwas hätte anders machen sollen. Ich gehe eine Erfahrung in Gedanken immer wieder durch, weil ich denke, ich hätte einen Fehler gemacht. Oder weil ich gerne mutiger gewesen wäre, geduldiger, liebevoller. Genauso häufig bin ich mit meinen Gedanken bereits bei einem anderen Termin. Ich bin so sehr mit dem beschäftigt, was ich nicht vergessen will, dass ich mein Gegenüber nicht wahrnehme. Das kommt sogar dann vor, wenn ich mit

Menschen zusammen bin, denen ich meine ganze Aufmerksamkeit schenken will. Ich erkenne zu spät, dass ich hinhören oder etwas teilen wollte. Und bevor ich es erkenne, ist die Gelegenheit schon vorbei. Kennst du das?

Wie schade, wenn wir den einzigen Augenblick verpassen, in dem wir aktiv leben. Das Jetzt. Menschen, die präsent sind, geben ihrem Gegenüber das Gefühl, die wichtigste Person im Raum zu sein. Solche Menschen beschenken uns, weil sie tatsächlich hinhören, hinsehen, mitfühlen. Das ist eine wundervolle Erfahrung. So möchte ich sein. Aber wie komme ich dahin?

Momente sind wie Samen

Ein Schlüssel dazu ist für mich die Erkenntnis, wie wertvoll das Heute ist. Jeder Augenblick ist es wert, gelebt zu werden. Jetzt gerade sitze ich an meinem Schreibtisch, mit Blick auf die verschneite Straße. Neben mir eine ausgetrunkene Tasse Tee und ein paar Krümel des köstlichen Lebkuchens, den ich gerade verspeist habe. Vor mir liegt meine aufgeschlagene Bibel. In Psalm 103 lese ich:

>> *Die Tage des Menschen sind wie Gras, wie eine Blume auf dem Feld, so blüht der Mensch. Wenn der Wind weht, ist sie spurlos verschwunden, als sei sie niemals da gewesen.*

Psalm 103,15-16

Das sind ernüchternde Worte. Ich denke über mein Leben nach. Ich bin Mitte fünfzig. Ich realisiere, dass mir weniger Zeit auf dieser Erde bleibt, als Zeit hinter mir liegt. Ebenso, wie schnell die Jahre vergangen sind. Doch diese Verse erinnern mich daran, dass Gott den einzelnen Tag wertschätzt. Er macht Blumen, die nur einen Tag lang in voller Blüte stehen und dann verwelken. Manche Insekten leben nur wenige Stunden und dennoch hat Gott sie kunstvoll geschaffen.

Und auch wenn ich meine Lebensgeschichte meistens in Abschnitten denke, so waren es doch überraschend oft einzelne Tage, die mein Leben besonders reich gemacht haben. Die ihm eine neue Richtung gegeben haben.

Der 29. März 1989 ist der Tag, an dem mein erster Sohn zu Welt kam.

Der 2. Dezember 1991 der Tag, an dem ich mich von Jesus habe finden lassen und ein neues Leben begonnen habe.

Der 2. Mai 1992 ist mein Hochzeitstag.

Es gibt viele einzelne Tage, an die ich mich erinnere. Ich bin deshalb davon überzeugt, dass jeder Tag zu einem besonderen werden kann. Deshalb will ich jeden von ihnen bewusst leben.

Mein Leben passiert jetzt. Und wie ich es jetzt nutze, hat Auswirkungen auf meine Zukunft. Wenn ich weiß, dass ich eine Zukunft habe, dann ist es wichtig, womit ich mein Heute fülle. Ich stelle mir Momente gerne wie Samen vor. Was ich heute ernte, das habe ich in der Vergangenheit durch einzelne Momente und Entscheidungen gesät. Und in der Zukunft werde ich ernten, was ich heute säe.

> **Wie ich mein Leben jetzt nutze, hat Auswirkungen auf meine Zukunft.**

Im Frühling kaufe ich fast jedes Jahr neue Samentütchen. Die Fotos auf den Tütchen sind einfach so verlockend. Bestimmt ist dir auch schon aufgefallen, dass auf den Samentütchen keine Samen abgebildet sind. Nein, selbstverständlich sind frische Kräuter, saftiges Gemüse und farbenprächtige Blumen darauf gedruckt. Wie die Samen aussehen, interessiert uns nicht. Wir wollen wissen, wie das Ergebnis aussehen wird.

Mir ist noch etwas anderes aufgefallen – genauso offensichtlich, aber eine wichtige Erkenntnis. Die Samen wachsen nur dann zu Blumen und Früchten heran, wenn ich sie in die Erde pflanze und gieße. Logisch? Ja. Nur im echten Leben vergesse ich das manchmal. Ich schaue auf das Samentütchen und stelle mir vor, wie schön die Blumen aussehen werden. Nur säe ich sie nicht. Stattdessen kaufe ich mir immer neue Tütchen.

Schau doch mal auf deine To-do-Liste. Es ist gut zu planen, aber das Ziel ist nicht, die Liste immer länger werden zu lassen, sondern die Ideen auch umzusetzen. Vielleicht ist heute ein guter Moment, den Brief an Tante Edelgard zu schreiben, oder du schnappst dir die Tupperdose der Nachbarin und stattest ihr einen Besuch ab?

Willst du ein Leben leben, das Segen bringt? Willst du Menschen lieben, mit deiner Kreativität Hoffnung wecken oder neue Wege finden, um Menschen in Not zu helfen? Du entscheidest, was du leben willst. Aber klar ist: Es wird nur wachsen, was du säst. Samen gehören in die Erde.

Der Vorteil in unserem Leben ist: Wir können jederzeit aussäen! Liebe, Freundlichkeit und Aufmerksamkeit wachsen nicht nur im März. Nein, heute ist der Tag. Heute darfst du leben, was dir wichtig ist. Heute könnte der Tag sein, an dem dein Leben eine neue Richtung nimmt. Heute kannst du erste Schritte gehen. In der Bibel lesen wir, was uns durch die Corona-Krise ganz neu bewusst geworden ist: Wir wissen nicht, was morgen sein wird.

> *Lehre uns, unsere Zeit zu nutzen, damit wir weise werden.*
>
> *Psalm 90,12*

Auch dieses Bibelwort soll mich nicht entmutigen. Es soll mich vielmehr darauf aufmerksam machen, dass es einmal kein Morgen mehr geben wird. Sicher ist nur das Jetzt. Dieser Moment ist ein kostbarer Besitz. Behandle ich ihn entsprechend? Ich will mein Heute nicht vertrödeln, nicht verpassen oder gar verachten. Ich will es wertschätzen.

Was sicher ist

Im vorletzten Jahr wurde bei mir Brustkrebs diagnostiziert. Ich hatte nicht damit gerechnet, auch wenn meine Mutter und meine Schwester bereits eine Krebserkrankung hinter sich hatten. Der Arzt meiner Schwester legte uns, den drei anderen Schwestern, damals nahe, einen Gentest machen zu lassen. Falls der Test auf ein erhöhtes Krebsrisiko hinweisen würde, sollten weitere Schritte angedacht werden. Leider zeigte mein Testergebnis, dass ich davon betroffen war. Laut der aktuellen Statistiken war das Risiko, dass ich an Brust- und Eierstockkrebs erkranken könnte, hoch. So hoch, dass ich mich zu den empfohlenen Operationen durchrang. Zuerst sollten die Eierstöcke und die Gebärmutter entfernt werden. In einer weiteren Operation dann das Brustgewebe. Zwei große Eingriffe.

Die Unterleibsoperation verlief komplikationslos. Meine Ärztin ordnete dann für die Vorbereitung der Brustoperation ein MRT der Brüste an. Auf diesen Bildern war ein Knoten zu sehen. Klein, aber deutlich. Ich machte mir kaum Gedanken, zumal die Ärzte von einem gutartigen Tumor ausgingen. Erst die Biopsie schaffte Klarheit. Wir waren bei Freunden zum Abendessen, als mein Handy klingelte. »Es tut mir leid, Frau Varga«, die Stimme meiner Ärztin klang bedrückt, »das Ergebnis der Biopsie ist da. Der Tumor ist doch bösartig.« Ich hatte Krebs.

In den Tagen darauf fragte ich mich, ob ich daran sterben würde. Der Tod war noch nie so real für mich gewesen. Ich hatte immer befürchtet, dass mir eine solche Diagnose den Boden unter den Füßen wegreißen würde. Daher war ich selbst überrascht, wie ruhig ich blieb. Ich verbrachte viel Zeit an meinem Lieblingsplatz am Fenster. Ich schrieb meine Gedanken in mein Tagebuch und las meine Bibel. Ich tat, was ich immer tue. Ich schüttete Gott mein Herz aus und nahm mir Zeit für die Stille. Ich suchte das Reden Gottes. In der Stille wurde mir bewusst, dass ich lebte. Heute war Realität. Die Tatsache, dass ich sterben könnte, sollte mir nicht die Freude am Heute rauben, sondern mich dankbar machen für das Jetzt. Ich erinnerte mich an die Worte von Jesus:

>> *Macht das Reich Gottes zu eurem wichtigsten Anliegen, lebt in Gottes Gerechtigkeit, und er wird euch all das geben, was ihr braucht. Deshalb sorgt euch nicht um morgen, denn jeder Tag bringt seine eigenen Belastungen. Die Sorgen von heute sind für heute genug.*

Matthäus 6,33-34

Mein Herz wurde völlig ruhig. Heute ist ein großartiges Geschenk. Niemand von uns weiß, wie viele Tage ihm oder ihr noch bleiben. Sicher sind nur das Heute und Gottes Treue. Ich lebe nicht in der Angst vor dem Sterben, sondern mit dem Bewusstsein, dass ich lebe.

Ich habe Bewahrung erlebt. Der Tumor ist sehr früh entdeckt worden und es wurden keine Metastasen gefunden. Ich habe auch die zweite Operation gut überstanden und brauchte keine Chemotherapie. Die Erfahrung hat meine Überzeugung noch vertieft: Heute ist ein kostbarer Schatz. Heute ist einzigartig. Ich will mich nicht davon abhalten lassen, heute ganz bewusst zu leben. Ich will heute vergeben. Ich will heute lachen. Heute meine Gefühle ernst nehmen. Gute Entscheidungen treffen. Meine Werte schützen. Ich will heute träumen und Schritte in die richtige Richtung gehen. Will heute mit meinem Schmerz zu Gott kommen. Ich will mich heute nicht vor dem Versagen fürchten. Ich will heute treu sein. Ich will ganz im Heute leben.

> **Wir wissen nicht, wie viele Tage uns noch bleiben. Sicher sind nur das Heute und Gottes Treue.**

Kostbarkeiten mit Ewigkeitswert

Es gibt eine Geschichte im Matthäusevangelium, die davon erzählt, dass es manche Momente nur einmal gibt und es morgen zu spät sein könnte. Die Frau, von der wir dort lesen, wollte Jesus ihre Liebe zeigen. Es würde mich nicht wundern, wenn sie den Wunsch bereits eine ganze Zeit vorher in ihrem Herzen reifen ließ. Denn wir lesen etwas früher, wie Jesus zuvor in Betanien von Johannes getauft worden war und Letzterer laut bekannt hatte, was er über Jesus wusste.

>> *Seht her! Da ist das Lamm Gottes, das die Sünde der Welt wegnimmt! Er ist es, von dem ich sagte: Bald nach mir kommt ein Mann, der größer ist als ich, denn er war da, lange bevor es mich gab.*

Johannes 1,29-30

Es ist gut möglich, dass die Frau zu denen gehörte, die ihr Leben ändern wollten und sich von Johannes taufen ließen. Bestimmt hatte sie daher gehört, was Johannes über Jesus gesagt hatte. Dieser Jesus vergab Sünden – was für eine gute Nachricht! Vielleicht sprach sie das besonders an. Das kann gut sein, wenn man bedenkt, was Lukas uns über diese Frau berichtet:

>> *Einer der Pharisäer lud Jesus zum Essen in sein Haus ein. Jesus nahm die Einladung an und setzte sich zu Tisch. In dem Ort gab es eine Frau, die ihr Leben – wie man wusste – nicht nach Gottes Willen führte.*

Lukas 7,36-37

Sie war eine Sünderin und suchte den, der Sünden vergeben konnte. Wir wissen, dass Jesus wiederholt in diesem Dorf zu Gast war. Ich frage mich, ob auch die Auferweckung von Lazarus, der ebenfalls in Betanien lebte, ihr Hoffnung gemacht hatte. Wie auch immer, an diesem Tag entschied sie: »Heute gehe ich zu ihm.« Also setzte sie ihren Plan in die Tat um. Von diesem Moment lesen wir im Markusevangelium:

>> *Als sie beim Essen saßen, kam eine Frau mit einem wunderschönen Gefäß voll kostbaren Öls. Sie zerbrach das Gefäß und goss Jesus das Öl über den Kopf. Einige am Tisch waren darüber entrüstet: »Warum wurde dieses kostbare Öl so verschwendet?«, fragten sie. »Sie hätte es für ein kleines Vermögen verkaufen und das Geld den Armen geben können!« Und sie wiesen sie scharf zurecht.*

Markus 14,3-5

Warum erwähnt Markus hier, dass das Öl sehr kostbar war? Die Elberfelder Übersetzung verrät uns Genaueres: »... diese Salbe hätte *für mehr als dreihundert Denare* verkauft und den Armen gegeben werden können« (Vers 5; ELB). Ein Denar war damals ein üblicher Tageslohn.[18] Somit war der Wert des Öls ein ganzer Jahreslohn! Diese Information ist wichtig:

> Kostbare Dinge haben im Leben immer einen hohen Preis.

Ich frage mich, wie lange die Frau wohl vor der Tür gestanden hatte. Hat sie mit sich gerungen? Darüber nachgedacht, wie die anderen reagieren würden? Fürchtete sie sich vor deren Reaktion? Wenn ja, hatte sie vermutlich mit ihren Befürchtungen gar nicht so falschgelegen. Aber wie lange auch immer sie dort gestanden haben mochte – ihr Wunsch, Jesus zu begegnen, siegte. Heute war eine Gelegenheit. So ein Moment würde vielleicht nie wiederkommen.

Sie wollte Jesus ihre Liebe ausdrücken. Und das tat sie auch. Ihr Akt der Verehrung war so leidenschaftlich, dass die Anwesenden empört waren. Und wie reagiert Jesus?

>> *Jesus erwiderte: »Warum fallt ihr über sie her? Sie tut mir etwas Gutes. Die Armen werdet ihr immer bei euch haben, aber ich werde nicht mehr lange bei euch sein. Sie hat dieses Parfümöl über mir ausgegossen, um meinen Körper zum Begräbnis vorzubereiten. Ich versichere euch: Überall auf der Welt, wo man die gute Botschaft verbreiten wird, wird man auch davon sprechen, was diese Frau getan hat.«*

Matthäus 26,10-13

Diese Reaktion überrascht alle. Jesus begegnet der Frau mit Wertschätzung. Ihre Hingabe und Liebe sind bedeutungsvoll für ihn. Mehr, als sie ahnen konnte. Denn wenn ich richtig recherchiert habe, war das tatsächlich die letzte Gelegenheit gewesen, bevor Jesus hingerichtet wurde.

Diese Begegnung ist in die Geschichte eingegangen. Wo schaffe ich Raum, heute, für die wichtigste Person in meinem Leben? Wie möchte ich, heute, meinem Herrn meine Dankbarkeit ausdrücken? Welche Kostbarkeiten stehen mir zur Verfügung? Meine Zeit ist ein wertvoller Schatz. Wann schenke ich meinem Gott meine ungeteilte Aufmerksamkeit? Worauf verzichte ich heute, um ihm zu sagen und zu zeigen, wie sehr ich ihn liebe? Ihn, der mein Leben neu gemacht hat und mir Hoffnung und Bedeutung schenkt. Wenn ich die Momente nicht ergreife, die sich mir bieten, schaue ich am Abend zurück und wundere mich, wie wenig ich meine Aufmerksamkeit auf ihn gerichtet habe. Aus der Begegnung mit ihm fällt es mir leichter zu sehen, was meine Mitmenschen brauchen. Es können auch kleine Dinge sein, die unser Heute für mich und andere zu einem unverwechselbaren Tag machen. Eine Geste der Freundlichkeit, eine wertschätzende Nachricht, ein Danke kann bereits genügen.

Unsere Tage ähneln sich. Sie reihen sich aneinander wie Tongefäße im Regal. Lass dich davon nicht ermüden, sondern mache einen Unterschied. Ergreife heute die Gelegenheit, einem anderen Menschen deine Dankbarkeit oder Liebe auszudrücken. Damit wird dein Heute unverwechselbar – nicht nur für dich. Möglicherweise wird es dadurch zu einem dieser Tage, von denen man immer wieder gerne erzählt. Oder triff heute eine Entscheidung, die du schon lange vor dir herschiebst. Heute könnte der erste Schritt auf einem neuen Weg sein. Lebe jetzt. Liebe jetzt. Vergib jetzt.

Die Liebe ist die stärkste Motivation. Was ich aus Liebe tue, wird niemals bedeutungslos sein.

Jesus lebte unter uns Menschen. Er lebte ganz im Heute. Er ließ sich nicht antreiben oder zurückhalten. Er lebte im Hier und Jetzt und hatte doch sein Ziel vor Augen. Er ließ sich vom Geist Gottes lenken und er liebte. Dann kam der Tag seiner Kreuzigung. Im Matthäusevangelium lesen wir von seiner Entscheidung dazu. Es war ein Kampf. Aber er würde auch an diesem Tag für das leben, woran er glaubte. Mehr noch, er würde dafür sterben. Er würde für meine und deine Freiheit sterben.

Jetzt wird's praktisch

Halte inne. Was sagt dir dein Herz? Was ist heute für dich dran? Wofür willst du heute leben? Schreibe ein konkretes Ziel auf.

....

....

....

....

....

Möchtest du heute dein Herz an Jesus hingeben, es ausgießen wie die Frau damals ihr Öl? Möchtest du in Schätze investieren, die ewig bleiben? Schreibe dir von der Seele, was du für Jesus empfindest:

....

....

....

....

....

Mögest du die Weisheit haben, Gelegenheiten zu erkennen, wenn sie sich bieten, und mögest du sie nutzen. Es könnte sein, dass du etwas Geduld brauchst, den richtigen Moment zu erkennen, aber dazu mehr im nächsten und letzten Kapitel.

Vater,
an jedem einzelnen Tag beschenkst du mich mit einem Heute. So viele Minuten und Stunden, so viele Gelegenheiten. Auch heute ist ein unverwechselbarer Tag. Was hast du heute für mich vorbereitet? Ich will präsent sein. Ich will Gelegenheiten nutzen und ich will mich daran freuen, dass du mir nah bist. Ich brauche mich nicht zu fürchten, sondern darf an deiner Hand durch diesen Tag gehen. Halte mich, führe mich, gebrauche mich.
Amen.

Elf
Der Glasurbrand

Dein Warten ist bedeutungsvoll.

Wenn der Baum geboren wird, ist er nicht sofort groß. Wenn er groß ist, blüht er nicht sofort. Wenn er blüht, bringt er nicht sofort Früchte hervor. Wenn er Früchte hervorbringt, sind sie nicht sofort reif. Sind sie reif, werden sie nicht sofort gegessen.[19]

Nach Ägidius von Assisi

Viele Jahre hing ein Poster mit diesem Spruch in unserer Wohnung. Für alle sichtbar. Aus gutem Grund: Ich bin sehr ungeduldig. Das Thema Geduld fordert mich in jeder Lebensphase neu heraus. Ich besitze mindestens zwei Tassen mit einem ermutigenden Spruch zum Thema Geduld, aber die scheinen so gar nichts zu nützen. In meinem Alltag zeigt sich das bei Kleinigkeiten, sei es an der Ampel, der Kasse oder wenn andere trödeln. Am schwersten ist für mich das Warten auf den richtigen Zeitpunkt. Ich will endlich meine Berufung leben, endlich Bleibendes schaffen, endlich die Welt verändern, endlich tun, was sich mein Herz wünscht.

Als unsere Kinder klein waren, war es wirklich schwer, sie Geduld zu lehren. Wenn sie etwas wollten, dann wollten sie es sofort. So sind Kinder. Und ich bin genauso, ich kann es nur besser verbergen. Wie oft habe ich Gott schon in den Ohren gelegen: »Warum dauert das alles nur so lange, Herr? Ich bin längst bereit! Warum sieht denn keiner meine Gaben und meine Erfahrung?« Nein, Warten ist nicht meine Stärke. Ich weiß, dass Gott das große Bild hat, schon klar, aber warum braucht er so lange?

Süße Vorfreude

Der Volksmund behauptet: Vorfreude ist die schönste Freude. Für mich gilt das höchstens für Dinge, bei denen das Ende absehbar ist. Als Kind liebte ich die Vorweihnachtszeit. Die aufregende Zeit des Wartens auf die Geschenke, die Plätzchen und die Großeltern wurde durch den Adventskalender greifbar. Weihnachten würde kommen, das war sicher. Das einzige Ungewisse war, ob ich das bekommen würde, was ich auf meinen Wunschzettel geschrieben hatte. Oder vielleicht sogar etwas, was ich nicht gewagt hatte zu wünschen?

Als ich mich zum ersten Mal verliebt hatte, wartete ich in der Schule ständig auf die Pause. Ich hoffte auf einen Blick auf meinen Schwarm oder ein kurzes Gespräch. Die Aufregung war wunderbar. Ich weiß auch noch, wie oft ich bei ihm zu Hause angerufen habe: in der einen Hand den Hörer, der an mein Ohr gepresst war, die andere Hand auf der Gabel, jederzeit bereit, die Verbindung zu unterbrechen, wenn seine Stimme am anderen Ende der Leitung erklang. Mit fünfzehn wartete ich auf das Wochenende, denn am Freitagabend durfte ich zur Eisdisco. Heute warte ich auf den Postboten, zum Beispiel wenn ich mir ein neues Buch bestellt habe. Vorfreude ist deshalb schön, weil wir Gutes erwarten und die Wartezeit absehbar ist.

Vor einigen Jahren hatte ich mir für meinen Geburtstag etwas Besonderes überlegt. Ich hatte die Menschen eingeladen, die mich auf meinem Glaubensweg begleitet haben. Darunter waren solche, die mich seit meiner Jugend begleiten, und andere, die erst seit wenigen Jahren mit mir unterwegs sind. Ich bat sie, sich einen ganzen Samstag Zeit zu nehmen. Ich würde mit ihnen eine kleine Reise machen und die Orte in der Gegend besuchen, die auf meinem Weg mit Gott eine besondere Rolle gespielt hatten. Ich lud fast fünfzig Personen ein, besorgte Busfahrkarten für alle und begann damit, eine Route zu planen und meine Geschichten aufzuschreiben. Jeder sollte ein Reisetagebuch in die Hand bekommen. Darin erzählte ich, was ich erlebt hatte und wie die verschiedenen Stationen mich zu der Person gemacht hatten, die ich heute bin. Ich baute auch Fragen ein, die jede und jeder mit eigenen Worten beantworten konnte. Die Vorbereitung machte mir große Freude. Ich lief die Strecken ab, die wir zu Fuß gehen würden, und machte Fotos für ein Suchspiel, damit auch die Kinder Spaß an der Geburtstagsreise haben würden. Es sollte ein Tag werden, an dem ich mit allen Eingeladenen endlich mal genug Zeit zum Reden haben würde.

Als die Vorbereitungen beendet waren, begann die Wartezeit. Ich war voller Ungeduld. Wer würde zusagen? Würde das Wetter mitspielen? Wie würde die Stimmung werden? Würde es ein herzliches Miteinander sein? Die Zeit war aber vor allem von Vorfreude geprägt. Als mein Geburtstag dann endlich kam, schien die Sonne. Die meisten hatten zugesagt und es wurde ein außergewöhnlich fröhlicher Tag. Das Warten hatte sich gelohnt! Der Tag war sogar noch schöner, als ich es erhofft hatte, obwohl es bei der vorletzten Station zu regnen begann und wir kurzerhand entschieden, die letzte Station auszulassen.

> *Warten kann die Freude an einer Sache tatsächlich erhöhen. Warum warte ich dann so ungern?*

Was das Warten offenbart

Ich finde es dann besonders schwer, auf Dinge zu warten, wenn ich nicht weiß, *ob* sich das Warten lohnt. Warten erzeugt Druck, vor allem, wenn meine Hoffnungen und Erwartungen groß sind. Je länger es dauert, desto ungeduldiger werde ich. Warten fällt mir auch dann schwer, wenn ich viel investieren muss und nicht abschätzen kann, ob es sich auszahlen wird.

Ich habe schon davon erzählt: Kinder zu haben, war schon immer mein Wunsch. Aber nach unserem ersten Sohn wurde ich einfach nicht mehr schwanger. Die Jahre vergingen und ich wurde immer frustrierter. Jeden Monat hoffte ich und genauso oft wurde ich enttäuscht. Außerdem hatte ich während meiner Periode immer sehr starke Krämpfe. Mein Frauenarzt riet mir zur Geduld. Leider fand ich den Schalter dafür nicht.

Nach fünf Jahren wechselte ich zu einem jüngeren Arzt. Er hatte eine Vermutung, warum ich nicht schwanger wurde, aber die Kosten für eine Behandlung seien so teuer, dass die Krankenkasse sie nicht übernehmen würde, es sei denn, es gäbe stichhaltige Beweise. Ich unterzog mich mehreren kleineren Eingriffen, um diese Beweise zu erbringen, leider ohne Erfolg. Irgendwann drehte sich mein ganzes Denken nur noch um meinen Wunsch nach einem weiteren Kind. Die Angst davor, nicht schwanger zu werden, verfolgte mich sogar in meinen Träumen. Ich hatte immer wieder Albträume, in denen ein positiver Schwangerschaftstest sich in nichts auflöste, bevor ich Serge davon erzählen konnte.

Meine Ungeduld machte mich unfähig, die vielen schönen Dinge zu sehen, die Gott mir anvertraut hatte. Ich dachte, Gott würde meine Verzweiflung gar nicht sehen. Ich dachte, er hätte mich vergessen. Zwar konnte ich einige tröstende Bibelverse aufsagen, aber sie erreichten mein Herz nicht mehr. Ich wurde bitter. Ich konnte mich kaum noch mit anderen über ihre Schwangerschaften freuen. Das Warten brachte Neid und ein tiefes Misstrauen gegenüber Gott in mir hervor.

> **Es ist dann besonders schwer, auf Dinge zu warten, wenn ungewiss ist, ob sich das Warten lohnt.**

Ich musste mich der folgenden Wahrheit stellen: Der Neid und die Undankbarkeit kamen nicht durch das Warten in mein Herz. Vielmehr offenbarte der Druck, den das Warten erzeugte, welche Lügen bereits in meinem Herzen schlummerten. Dazu gleich mehr. Das zu erkennen war nicht schön, aber es war sehr wichtig. Auf etwas warten zu müssen, zeigt uns, was wir wirklich glauben.

Es folgte eine Zeit des Gebets. Ich tat mich mit einer Frau zusammen und wir baten Gott darum, Licht ins Dunkel zu bringen. Durch eine völlig andere Untersuchung konnte dann tatsächlich der medizinische Beweis für die Vermutung meines Frauenarztes erbracht werden. Ich begann mit einer speziellen Antihormontherapie.

Auf etwas warten zu müssen, zeigt uns, was wir wirklich glauben.

Gleichzeitig war das auch eine Zeit der Neuorientierung. Serge und mir lag auf dem Herzen, eine Bibelschule zu besuchen, wir hatten dazu aber nicht das nötige Geld. So beteten wir um Bestätigung und Versorgung. Doch bevor wir nächste Schritte gehen konnten, kündigte mein Mann aus Gewissensgründen seine Arbeitsstelle, und wir mussten mit sehr wenig Geld auskommen.

Ich war in dieser Zeit extrem dünnhäutig. Lügen über Gott und mich selbst kamen in Form von Ängsten hervor. Wovon sollten wir die Rechnungen bezahlen? Würden wir auf der Straße landen? Ich fragte mich, ob mein neu gefundener Glaube diese Sorgen überstehen würde. Meine geistliche Mutter, die mich damals begleitete, ermutigte mich, genau hinzuschauen: Welche Ängste waren realistisch und hinter welchen versteckten sich Lebenslügen?

Jesus sagt im Johannesevangelium: »Wenn ihr euch nach meinen Worten richtet, seid ihr wirklich meine Jünger. Ihr werdet die Wahrheit erkennen, und die Wahrheit wird euch frei machen« (Johannes 8,31-32).

Nach dieser Freiheit sehnte ich mich. Und ich sehnte mich danach, Gott vertrauen zu können, auch wenn sein Zeitplan nicht mit meinem übereinstimmte. Wir begannen also, Gott zu bitten, meine

Lebenslügen aufzudecken. Meine Ängste waren dabei sehr hilfreich, denn sie gaben die Richtung vor. Manche der Lügen begleiteten mich schon seit meiner Kindheit. Sie waren mir so vertraut, dass es schwer war, sie zu entlarven. Sie waren so sehr Teil meiner Erfahrungen, dass ich sie für die Wahrheit gehalten hatte. Ich konnte sie aber daran erkennen, dass sie mich anklagten. Andere daran, dass sie mir meine Freude raubten. In dieser Zeit erlebten wir zum ersten Mal, dass Gott auch mit materiellen Dingen versorgt. Er wurde realer und mein Vertrauen in ihn wuchs. Während dieses Prozesses erinnerte Gott mich an eine Entscheidung, die schon lange zurücklag. So lange, dass ich sie vergessen hatte.

Als Kind zog ich sehr häufig um. Immer, wenn ich gerade eine neue Freundin gefunden hatte, ging es weiter zum nächsten Ort. Aufgrund dieser schmerzvollen Erfahrungen hatte ich mir geschworen, keinen Menschen mehr nahe an mein Herz zu lassen. Ich wollte nie mehr verlassen werden. Die Lüge, die ich glaubte, war folgende: Wenn ich mein Herz durch Mauern schütze, werde ich nicht mehr verletzt werden. Doch diese innere Festlegung hatte dazu geführt, dass ich einsam geworden war. Ich sehnte mich nach einer Freundin, der ich mein Herz zeigen konnte.

Durch den Schmerz des Wartens deckte Gott gleichzeitig auf, dass ich mein Herz auch vor ihm verschloss, weil ich erwartete, dass auch er mich enttäuschen würde. Die Wahrheit ist: Wenn ich Mauern um mein Herz baue, können mich auch Freundschaft, Liebe und Verbundenheit nicht mehr erreichen. Diese Lebenslüge aus meiner Kindheit hat mich unfähig gemacht zu vertrauen und damit alle meine Beziehungen vergiftet. Ich war daher entschieden, die Lüge hinter mir zu lassen und der Wahrheit Raum zu geben.

> ≫ *Hab keine Angst und verliere nicht den Mut, denn der Herr selbst wird vor dir hergehen. Er wird bei dir sein. Er wird sich nicht von dir zurückziehen und dich nicht im Stich lassen!*

5. Mose 31,8

Basierend auf diesem Vers traf ich eine Entscheidung. Ich löste mich von dieser Festlegung meines Lebens und bat meinen Vater im Himmel darum, mein Herz wieder zu öffnen – für ihn und für andere Menschen. Lieber wollte ich verlassen werden, als allein zu sein. Ich würde mich nicht mehr einmauern. Ich wollte Freundschaften eingehen. Ich wollte ab jetzt vertrauen, dass Gott mich und meine Sehnsüchte kannte und er mir Gutes tun möchte. Es war eine sehr gute Entscheidung. Gott lud mich ein: »Ich möchte, dass du den Fels, auf dem du stehst, besser kennenlernst. Ich bin dieser Fels.«

Am Ende der Hormontherapie wurde ich tatsächlich schwanger. Aber Gott hatte viel mehr in mir geheilt. Er hat mir die Lügen gezeigt, die mich daran hinderten, zu vertrauen. Darf ich deshalb auch dich ermutigen? Wir können unseren Vater im Himmel nicht schockieren. Er kennt unsere Herzen. Wir dürfen uns ihm anvertrauen und er möchte uns heilen. Deshalb ist Warten so eine kostbare Lektion. Zeiten des Wartens sind wie ein Brennofen. Und damit kommen wir noch einmal auf den Töpfer zurück.

Der Glasurbrand

*Das Werk des Töpfers ist nun bereit für den letzten Schritt, den Glasurbrand. Dieser Vorgang ist der aufregendste. Zwei Fragen stehen im Raum: **Wird das Gefäß den Brand überstehen? Und wird es so aussehen, wie der Töpfer es sich vorgestellt hat?***

Vorfreude mischt sich mit einem Rest Unsicherheit. Denn beim Glasurbrand wird das Tongefäß extrem hohen Temperaturen ausgesetzt – weit über tausend Grad Celsius. Nur so kann die Glasur schmelzen und den Ton fest und dicht machen. Die Glasur wird dabei flüssig und umgibt das Gefäß, verbindet sich mit ihm. Oft verlaufen die Farben ganz anders als erhofft. Auch die Farbschattierung verändert sich. Das alles hängt vom Material des Tons, der Dicke der Glasur und der Brandtemperatur ab. Sogar die anderen Gefäße im Ofen können das Ergebnis beeinflussen.

Es kommt vor, dass ein Gefäß durch herablaufende Glasur auf der Bodenplatte festklebt. Dann könnte es bei dem Versuch, es abzulösen, zerbrechen. Auch Fremdkörper im Ton können ein Werk ruinieren, indem der Ton reißt. Das ist enttäuschend.

Der Tag, an dem der Ofen nach dem Glasurbrand geöffnet wird, ist daher immer ein großes Ereignis. Meist legt sich begeistertes Staunen auf das Gesicht des Töpfers. Das fertige Werk in der Hand zu halten, das noch schöner ist als erhofft, ist sehr befriedigend. Und jedes Stück ist ein Original.

Wie im Brennofen

Wartezeiten sind Belastungsproben. Sie setzen uns zu, aber sie offenbaren uns auch den wahren Zustand unseres Glaubens. Der Brennofen ist eine relativ kleine Kammer. Die Temperatur wird langsam, aber stetig erhöht, für eine bestimmte Zeit gehalten und dann genauso langsam wieder abgesenkt. In dieser Zeit gibt es kein Entkommen.

Wartezeiten setzen uns zu, aber sie offenbaren uns auch den wahren Zustand unseres Glaubens.

Kennst du solche Lebensphasen? Du hast das Gefühl festzustecken und der Druck erhöht sich ständig? Manchmal nennen wir diese Phasen Wüstenzeiten. Und es ist wie beim Glasurbrand: So wie die hohen Temperaturen im Ofen offenbaren, ob der Ton sorgsam vorbereitet wurde, so zeigt sich in diesen Wartezeiten, in welchen Bereichen unser Glaube zu dünn oder noch ausbaufähig ist. Ob ich an Gottes Güte zweifle oder mir die Gnade Gottes immer wieder verdienen will, wird meist erst unter Druck sichtbar. Das Warten offenbart mir wichtige Wahrheiten über meinen Glauben.

Es sind so oft Kleinigkeiten, wie zum Beispiel ein Schleicher auf der Autobahn, die meine Ungeduld offenbaren. Aber nicht selten steckt etwas Größeres dahinter – vielleicht sogar eine Lebenslüge, die enttarnt werden muss. Du lachst? Hast du auch schon einmal gedacht, wie respektlos es von dem Schleicher ist, deine Zeit zu vergeuden? Ich schon. Die Wahrheit ist aber: Er hat meine Zeit überhaupt nicht vor Augen. Das ist auch nicht seine Verantwortung. Ich bin selbst dafür verantwortlich, Puffer einzuplanen.

Eine andere Situation ist folgende: Ich schreibe eine E-Mail und warte auf Antwort. Am besten gestern. Sie kommt aber nicht. Ich werde unwillig. Wenn ich mir dann im Gebet Zeit nehme, fällt mir auf, was ich im tiefsten Inneren denke: »Meine Frage ist offensichtlich unwichtig«, oder schlimmer: »Ich bin unwichtig.« Dabei könnte es viele Gründe geben, warum die Antwort auf sich warten lässt. Gründe, die überhaupt nichts mit mir als Person zu tun haben. Meine Ungeduld entlarvt auch hier, welche Lügen ich über mich selbst glaube. Oder über Gott. Wie Adam und Eva stelle ich oft seine Liebe und Treue infrage und vertraue lieber mir selbst. Davon will ich frei werden.

Warten offenbart immer, was mich antreibt, und es offenbart die Lügen, die ich glaube. Und Lügen machen mich ungeduldig und lieblos. Die Wahrheit hingegen lässt mich zur Ruhe kommen, sogar in Bezug auf die Umwege meines Lebens. Wenn ich weiß, dass Gott für mich ist, dann kann ich auf seinen Zeitpunkt warten. Er kennt mich. Er weiß, ob ich bereit bin für das, wonach ich mich sehne.

Weiß ich jedoch nicht, dass Gott für mich ist, werde ich versuchen, mir das, was ich haben oder sein will, selbst zu erkämpfen. Und ja, wir können uns sehr vieles erkämpfen. Ich hätte bestimmt schon vor Jahren für meinen Traum des Predigens einstehen können. Aber wenn wir etwas durch unsere eigenen Bemühungen erkämpft haben, müssen wir es auch durch unsere eigenen Bemühungen bewahren, indem wir immer wieder beweisen, dass wir das Zeug dazu haben. Das strengt an.

Wenn ich deshalb merke, dass mir eine lange Wartezeit zusetzt, nehme ich mir Zeit im Gebet. Ich frage Gott, ob er diese Situation zugelassen hat, um verdeckte Lügen hervorzubringen, und frage ihn, welche das sind. Ich danke ihm für die liebevolle Erinnerung, dieses bestimmte Thema anzugehen. Er will mich in die Freiheit führen. Deshalb lädt Gott mich ein, mich all dem zu stellen, was mich hindert, in Freiheit zu leben und zu lieben. Und wenn ich das tue und ihn bitte, mir Lüge und Wahrheit zu offenbaren, wird er antworten. Wenn ich ihm mein Herz anvertraue, wird er meine Verletzungen heilen – gerade in und durch die Wüstenphasen hindurch. Und mein Vertrauen wächst. Das Vertrauen darauf, dass er Gutes für mich hat.

Wie David beim Warten glauben lernen

Warten ist der ultimative Test. Es offenbart unausweichlich, was in mir steckt. Deshalb gilt wie beim Schmerz: Die Gefühle, die ich beim Warten empfinde, wollen meine Aufmerksamkeit. Höre ich hin und konzentriere mich auf mich selbst? Oder schiebe ich die Verantwortung auf andere, indem ich den Fehler bei ihnen suche? Natürlich ist es leichter zu fragen: »Warum antwortet die Person nicht? Wie unsensibel! Wie respektlos!« Schwieriger ist es, mich meinen eigenen Gefühlen zu stellen. Gott weiß das. Zeiten des Wartens sind deshalb unsere große Chance, Lebenslügen zu entdecken. Und Gott gibt uns diese Chance immer wieder.

Die Gefühle, die ich beim Warten empfinde, wollen meine Aufmerksamkeit.

Glaube ich, dass Gott mich kennt? Dass er mich sieht? Dass er gut ist? Dann erwarte ich sein Eingreifen, seine Hilfe, seine Freundlichkeit. Dann erwarte ich Gutes. Wenn ich weiß, dass Gott für mich ist, dann kann ich mich selbst mit denen freuen, die in der Zwischenzeit bekommen, was ich möchte. Das ist die hohe Schule des Vertrauens.

König David war Warten gewohnt. Er wurde schon als Junge zum König gesalbt. Danach lebte er sein Leben weiter wie zuvor als jüngster von acht Brüdern. Er hütete die Schafherde der Familie und ab und an brachte er Nahrungsmittel zu seinen Brüdern an die Front. Bei einer dieser Gelegenheiten wird er nun Zeuge davon, wie ein mächtiger Krieger des feindlichen Volkes den Gott, den er liebt, verhöhnt. David lässt sich daher zu König Saul führen und bietet an, gegen diesen Goliath zu kämpfen. Und Gott stellt sich zu ihm. David besiegt den Riesen. Doch nach dieser Heldentat wird er nicht etwa in den Palast gebeten, sondern kehrt zurück zu den Schafen.

Einige Zeit später lässt Saul ihn zwar an den Königshof kommen, aber nicht als seinen Nachfolger, sondern als Musiker. David ist geduldig und Saul treu ergeben, auch dann noch, als dieser beginnt, in David einen Feind zu sehen. Das führt dazu, dass David vor ihm fliehen muss. Jahrelang versucht Saul, David zu töten. Jahrelang lebt dieser in Todesangst. Die Bibel berichtet uns von zwei Gelegenheiten, in denen David dann die Möglichkeit bekommt, Saul zu töten. Überraschenderweise tut er es nicht.

>> *Saul wählte 3000 der besten Krieger Israels aus und machte sich in der Nähe der Steinbockfelsen auf die Suche nach David und seinen Männern. An der Stelle, an der die Straße an ein paar Schafhürden vorüberführt, ging Saul in eine Höhle, um seine Notdurft zu verrichten. Doch hinten in dieser Höhle hielten sich David und seine Männer versteckt. Die flüsterten ihm zu: »Heute ist der Tag, von dem der Herr zu dir gesagt hat: ›Ich werde dir deinen Feind in deine Hand geben, sodass du mit ihm tun kannst, was du willst.‹« David schlich sich nach vorne und schnitt heimlich einen Zipfel von Sauls Gewand ab. Doch dann bekam David ein schlechtes Gewissen, weil er etwas von Sauls Gewand abgeschnitten hatte. Und er sagte zu seinen Männern: »Der Herr bewahre mich davor, dass ich dem Gesalbten des Herrn etwas antue. Denn er ist ja der Gesalbte des Herrn.« Und er wies seine Männer zurecht und ließ nicht zu, dass sie Saul etwas antaten.*

1. Samuel 24,3-8

David handelt aus Respekt vor Saul und vor Gott, der Saul eingesetzt hatte. Er will sich nicht selbst nehmen, was Gott ihm verheißen hatte. Diese Entscheidung offenbart das Herz Davids. Er ist bereit zu warten. Er vertraut Gott. Tatsächlich wurde David erst zum König eingesetzt, nachdem Saul und sein Sohn Jonathan im Krieg gefallen waren. Mittlerweile war er ein Mann im mittleren Alter.

Könnte es sein, dass die Jahre des Wartens seine Vorbereitung waren? Offenbarte Gott auch ihm die verborgenen Absichten seines Herzens? Die folgenden Verse aus Psalm 139 lassen darauf schließen:

>> *Herr, du hast mein Herz geprüft und weißt alles über mich. Wenn ich sitze oder wenn ich aufstehe, du weißt es. Du kennst alle meine Gedanken. Wenn ich gehe oder wenn ich ausruhe, du siehst es und bist mit allem, was ich tue, vertraut. Und du, Herr, weißt, was ich sagen möchte, noch bevor ich es ausspreche. ... Erforsche mich, Gott, und erkenne mein Herz, prüfe mich und erkenne meine Gedanken. Zeige mir, wenn ich auf falschen Wegen gehe, und führe mich den Weg zum ewigen Leben.*

Psalm 139,1-4.23-24

Warten, aushalten, standhalten, weitergehen, nicht aufgeben – all diese Synonyme haben eins gemeinsam: sie brauchen Glauben und sie können meinen Glauben stärken. Die Herkunft des Wortes »warten« kommt von dem Wort »Warte«, dem Wachtturm. Es hat die Bedeutung: Ausschau halten. Ich warte auf etwas. Wartest du auf einen Partner oder eine Partnerin? Auf eine Gelegenheit, deine Gaben zu leben? Wartest du auf Versöhnung? Auf Gesundheit?

Und ist dein Herz schwer oder kannst du dich mit denen freuen, die all das haben? Wende dich an deinen Vater im Himmel, wenn es scheint, als hätte er dich übersehen. Bring ihm deinen Schmerz, wenn deine Pläne immer wieder zerschlagen werden und die Erfüllung deiner Träume weiter weg scheint als je zuvor. Verbirg deinen Missmut nicht vor ihm, sondern sei ehrlich und sprich mit ihm über deine Gedanken und Gefühle. Halte Gott dein Herz hin. Erlaube ihm aufzudecken, wo du Heilung brauchst, und erlaube ihm, dich zu heilen.

König oder, sagen wir, Hirte David formuliert es so: »Deine Wege, Herr, tue mir kund, deine Pfade lehre mich! Leite mich in deiner Wahrheit und lehre mich, denn du bist der Gott meines Heils; auf dich harre ich den ganzen Tag« (Psalm 25,4-5; ELB).

Geduld ist eine Kraft

Ich lade dich ein: Wenn dir das Warten schwerfällt, lass die Gelegenheit nicht verstreichen. Geh nicht einfach weiter. Sondern halte es aus. Höre in dich hinein. Werde still und warte auf Gottes Reden. Lass dir zeigen, was er sieht. Am Ende von Kapitel 3 gibt es dazu eine hilfreiche Übung.

> *Geduld erfordert gewaltige innere Stärke.*[20]
>
> *John Piper*

Und Geduld fordert Vertrauen. Vielleicht ist beides dasselbe? Und vielleicht können wir beides nur in Wartezeiten lernen und entwickeln. Ich habe mein Leben in die Hand des Meistertöpfers gelegt. Darum ist jeder Bereich meines Lebens Teil dessen, was er in mir tut. Auch mein Warten. Und Gott hat dabei keine Eile. Gott ist viel geduldiger als ich.

Das Bild vom Töpfern erinnert mich daran, dass auch der Meistertöpfer geduldig sein muss. Denn er wartet auf uns. Er lässt uns Zeit, zu wachsen und Vertrauen zu lernen. Er drängt uns nicht. Wie ein Vater auf seine Kinder wartet Gott darauf, dass wir ihm unser Herz öffnen. Dass wir zur Ruhe kommen und hinhören, was er zu sagen hat. Er wartet, dass wir unsere Wunden von ihm reinigen und verbinden lassen. Lassen wir ihn nicht umsonst warten.

Es ist im Übrigen normal, dass die meisten Dinge Zeit brauchen. Es ist Teil eines guten Plans und eines natürlichen Prozesses. Im Winter sind die Obstbäume kahl und ohne Blätter. In dieser Jahreszeit gelingt es mir nicht, einen Apfelbaum von einem Kirschbaum zu unterscheiden. Warte ich jedoch ein halbes Jahr, hängen die Früchte zwischen den Blättern. Jetzt ist es leicht. Ich musste warten, um klarer zu sehen.

Jetzt wird's praktisch

Worauf wartest du schon viel zu lange?

....

....

Was macht das mit dir? Was fühlst du? (Eine Hilfe kann die Liste
mit den Gefühlswörtern im Anhang sein, S. 183)

....

....

Was offenbaren deine Gefühle über deine Motivation und **deinen**
Glauben?

....

....

Worum möchtest du Gott bitten?

....

....

....

....

Abschluss
Das
Meisterwerk

Warten ist geschenkte Zeit. Zeit, die ich mir nicht eingeplant hatte. Zeit, um Gedanken zu denken, denen ich ausweiche. Zeit, mein Leben zu betrachten, anstatt die Tage an mir vorbeirauschen zu lassen. Zeit, mich am Heute zu erfreuen, an der Sonne, der Wärme oder der Heizung. Zeit, dankbar zu sein für das Schöne in meinem Leben und auch für das Schwere, das mich immer wieder an Gottes Herz ziehen will. Zeit, die Menschen anzulächeln, die mir heute begegnen. Zeit, meinen Kindern zuzuhören. Zeit, auf Gottes Stimme zu lauschen.

Aus Gottes Perspektive ist nichts umsonst und keine Zeit ist vergeudete Zeit. Daher höre auf, dich zu vergleichen, und nutze die Gelegenheiten, die nur du hast. Liebe die Menschen in deinem Leben, dann wirst du die Segensspuren sehen, die du hinterlässt.

Du bist ein Meisterwerk in der Hand deines Meistertöpfers. Lass dich von ihm gebrauchen, wie du bist, und mit allem, was zu deinem Leben gehört: mit deiner Persönlichkeit, deiner Geschichte, deinen Gefühlen, mit deinen Entscheidungen, deinen Werten und Träumen, deinem Schmerz und Versagen, deinem Alltag, deinem Heute und mit deinem Warten.

All das ist einzigartig. Und wenn du bist, wer du bist und wie du erdacht wurdest, dann lebst du ein bedeutungsvolles Leben. Schon heute.

Das einzigartige Kunstwerk

Während die Temperatur im Brennofen steigt, trocknet der Ton, und die Glasur beginnt zu schmelzen. Es entstehen wunderbare Muster – abhängig von der Form des Gefäßes, der Dicke der Glasur und den weiteren Gefäßen im Ofen.

Das Warten hat sich gelohnt. Denn nach dem Glasurbrand ist das Tongefäß stabil, wasserfest und durch den ganz eigenen Farbverlauf einzigartig. Es ist ein Meisterwerk.

*Mögest du deinen Blick niemals von deinem himmlischen
Vater abwenden: Er ist der Töpfer und du bist sein Meisterwerk.
Mögest du deine Persönlichkeit als Geschenk annehmen.
Durch dich wird diese Welt bunter.
Mögest du dich mit deiner Geschichte versöhnen.
Sie hat dich so vieles gelehrt.
Mögest du dich deinen Gefühlen stellen und dich durch sie näher
an Gottes Herz ziehen lassen.
Mögest du täglich kleine und große Entscheidungen treffen,
die deinem Leben eine gute Richtung geben.
Mögest du niemals aufhören zu träumen und Schritte in Richtung
deiner Träume wagen, die du schon heute gehen kannst.
Mögest du deine Werte erkennen und lernen, zu ihnen zu stehen.
Mögest du im Schmerz innehalten, in dich hineinhören und
Gott erlauben, deine Wunden zu heilen.
Mögest du im Versagen nicht stehen bleiben, sondern dich immer
wieder neu der Gemeinschaft öffnen und dich lieben lassen,
wie du wirklich bist.
Und mögest du andere lieben, wie sie wirklich sind.
Mögest du treu sein in deinem Alltag und mit offenen Augen und
offenem Herzen durch den Tag gehen.
Mögest du erkennen, wie bedeutungsvoll dein Heute ist, und lernen,
schon heute die Person zu sein, die du sein willst.
Möge dich dein Warten zu innerer Stärke und Vertrauen in
Gottes Güte führen.
Und mögest du sehen, wie Gott dein Leben beurteilt
und welch großes Geschenk du für die Welt bist.
Amen.*

Anhang
Reflexion

Wie spüre ich meinen Gefühlen nach?

Um deinen Gefühlen auf die Spur zu kommen, brauchst du nicht viel Zeit. Fünfzehn Minuten sind wahrscheinlich genug. Nimm dir die Gefühle-Liste (S. 183) zur Hand und setze dich an einen Platz, an dem du dich wohlfühlst. Nimm dir ein Blatt Papier oder benutzte dieses Buch und bitte Gott, dir zu helfen.

Denke an eine Situation, die dich aufgewühlt hat, und suche das Gefühlswort heraus, das am besten beschreibt, wie du empfindest. Das können auch mehrere sein. Versuche, so genau wie möglich hinzuspüren. Beschreibe die Situation und notiere daneben die Gefühlswörter, die deine Empfindungen am treffendsten beschreiben.

....

....

....

....

Halte nun einen Moment inne. Erlaube dir zu fühlen. Denke daran: Deine Gefühle sind ein Geschenk.

Jetzt bitte Gott darum, dir zu zeigen, ob dich diese Gefühle an eine andere Situation erinnern. Schreibe alles auf, was dir einfällt. Sortieren kannst du es zu einem späteren Zeitpunkt.

....

....

....

....

Vergleiche die aktuelle Situation mit dem, was dir eingefallen ist. Frage dich, was an der jetzigen Situation anders ist.

....

....

....

Die nächsten beiden Fragen könnten dein Leben verändern.

1. Frage Gott: Was ist die Lüge, die ich glaube? Halte einen Moment inne und notiere dann alles, was dir einfällt. Es könnte sein, dass das, was du hörst, sich mehr nach der Wahrheit anhört als nach einer Lüge. Dann bist du auf der richtigen Fährte.

....

....

....

Du hast Gott nach einer Lüge gefragt. Was du gehört hast, ist genau das: eine Lüge.

2. Die zweite Frage an Gott ist: Was ist die Wahrheit? Halte einen Moment inne und schreibe auf, was dir jetzt einfällt. Wenn deine Gedanken abschweifen, dann stell die Frage einfach etwas anders und höre noch einmal hin.

....

....

....

Du hast Gott nach der Wahrheit gefragt. Diese Wahrheit kann dich frei machen.

Willst du dich von der Lüge trennen? Bring sie im Gebet vor Gott und streiche sie auf deinem Zettel oder hier im Buch durch. Schreibe dir die Wahrheit so auf, dass du sie immer wieder nachlesen kannst. Gut sichtbar.

....

....

Im letzten Schritt gehe zurück zu deinen Gefühlen vom Anfang. Beurteile die Situation durch die Wahrheit, die Gott dir offenbart hat. Was hast du über dich selbst und über Gott gelernt?

....

....

....

Danke ihm dafür.

> *Die mit Tränen säen, werden mit Jubel ernten.*
>
> *Psalm 126,5*

Wenn du es zu deiner Gewohnheit machst, dich deinen Gefühlen auszusetzen und hinzuhören, was Gott dir durch sie offenbaren will, wirst du erleben, wie du sie bald schon als kostbares Geschenk erlebst. Und falls Gott dich an Dinge erinnert, die dir Angst machen und dich lähmen, zögere nicht, dich an eine Person deines Vertrauens zu wenden.

Ich schreibe mir sowohl Lüge als auch Wahrheit auf eine kleine Karteikarte. Die Lüge auf die eine Seite, die Wahrheit auf die andere. Diese Kärtchen sammle ich in einem goldenen Umschlag. Ich habe festgestellt, dass sich die meisten Lügen wiederholen, nur leicht abgewandelt. Und meine größte Entdeckung ist, wie viele der Lügen mittlerweile keine Macht mehr über mich haben.

Gefühle-Liste

ängstlich, verzweifelt, furchtsam, hilflos, nervös, angespannt, bedrängt, alarmiert, schockiert, panisch, besorgt, unbehaglich

verärgert, verdrossen, bitter, angegriffen, frustriert, wütend, erniedrigt, beleidigt, zornig, widerwillig, empört, geladen

verletzt, abgewiesen, verlassen, betrogen, erdrückt, gebrochen, eifersüchtig, erschöpft, erschüttert, erstarrt, abgeschlagen, einsam, unbeholfen, distanziert, missverstanden, aufgebracht, hilflos, matt, müde

traurig, beschämt, deprimiert, enttäuscht, entmutigt, ernüchtert, schwach, hoffnungslos, elend, launisch, gelangweilt, verwirrt, gelähmt, kraftlos, leer, überwältigt, tot

zweifelnd, verwirrt, misstrauisch, zögerlich, unschlüssig, verdutzt, skeptisch, unsicher, ungeduldig, gehemmt, resigniert, gleichgültig, unbehaglich

interessiert, eifrig, begierig, betroffen, neugierig, mutig, entschlossen, herausgefordert, begeistert, überrascht, aufgeregt, angeregt, verblüfft, gefesselt, kraftvoll, motiviert, wach

liebend, anerkennend, zärtlich, geehrt, mitfühlend, sympathisch, hilfsbereit, belebt, beschwingt, erfrischt, enthusiastisch, erfüllt, erwartungsvoll, heiter

glücklich, erfreut, gemütlich, zufrieden, dankbar, stolz, stark, geborgen, hoffnungsvoll, erfreut, erleichtert, unbeschwert, friedlich, entspannt, sicher, satt, sorglos, still, vergnügt

Anmerkungen

1 Spinosi, Pam (2012): An apple for the road. Destiny Image, S. 124 (eigene Übersetzung).

2 Brown, Brené (2012): Die Gaben der Unvollkommenheit. Lass los, was du glaubst sein zu müssen und umarme, was du bist. J. Kamphausen, S. 347.

3 Miller, Alice (1979): Das Drama des begabten Kindes. Suhrkamp, S. 164.

4 Wer sich die einzelnen Schritte des Töpferns noch besser vor Augen führen möchte, kann sich folgendes Video ansehen, in dem ein Krug gedreht wird. Es beginnt mit dem Zentrieren: https://youtu.be/LP6FwUl48ZU. Zuletzt aufgerufen am 29.03.2023.

5 Brown, Brené (2010): The gifts of imperfection. Hazelden, S. 125 (eigene Übersetzung).

6 Autor/-in unbekannt.

7 Diese Übung ist eins von acht kostbaren Tools aus dem Buch von Peter und Geri Scazzero (2017): Liebe redet Klartext. Brunnen, S. 39.

8 Houston, Brian (2018): Help Me Day 4: The Fight for Change. (Die Informationen sind online nicht mehr verfügbar.)

9 Brown, Brené (2022): Living into our values. https://brenebrown.com/resources/living-into-our-values/. Zuletzt aufgerufen am 29. Juli 2022 (eigene Übersetzung).

10 Piper, John (1995): The Purifying Power of Living by Faith in Future Grace. Desiring God Foundation, S. 171 (eigene Übersetzung).

11 Boom, Corrie ten. Quelle unbekannt. Eigene Übersetzung von »When I try, I fail. When I trust, he succeeds.«, https://beruhmte-zitate.de/zitate/1232558-corrie-ten-boom-when-i-try-i-fail-when-i-trust-he-succeeds/. Zuletzt aufgerufen am 29. Juli 2022.

12 Piper, John (2011): Future Grace. Multnomah Books, S. 113 (eigene Übersetzung).

13 Hillsong Worship (2010): A Beautiful Exchange. »The greatness of our God«. Eigene Übersetzung: »Hilf mir, über diesen Moment hinauszusehen. Ich brauche mich nicht zu fürchten, denn du thronst über dem, was mich quält. Du bist immer noch größer.«

14 Brown: Die Gaben der Unvollkommenheit, S. 108-109.

15 Cohen, Leonard (1992): The Future. »Anthem« (eigene Übersetzung).

16 Van Beethoven, Ludwig (1823): Briefe an seinen Neffen Karl van Beethoven. https://www.aphorismen.de/zitat/18908. Zuletzt aufgerufen am 29.
Juli 2022.

17 Goldt, Max (2019): Wahnsinnsfern und tückenlos. ZEIT ONLINE
https://www.zeit.de/2019/05/absurditaet-alltag-andersartigkeit-ord-
nung-routine-normalitaet. Zuletzt aufgerufen am 29. Juli 2022.

18 Vgl. Matthäus 20,2: »Nachdem er aber mit den Arbeitern um einen Denar
den Tag übereingekommen war, sandte er sie in seinen Weinberg.«

19 Quelle unbekannt.

20 Piper, John (1995): Future Grace. Desiring God Foundation, S. 173 (eigene
Übersetzung).

21 Es gibt natürlich genauso viele begabte Töpferinnen. Für dieses Buch
habe ich mich allerdings für einen männlichen Töpfer entschieden, um
den Bezug zu unserem Vater im Himmel deutlicher zu machen.

Debora Kuder, Sarina Pfauth

Das hatte ich so nicht bestellt

Was wir aus Erfahrungen gelernt haben, die wir nie machen wollten

Was tun, wenn das Leben nicht macht, was es soll? Elf Frauen beschreiben, wie es gelingen kann, dunkle Zeiten nicht nur zu überstehen, sondern an Gott, am Leben und an der Hoffnung festzuhalten. Dieses Buch ist wie Freundschaft zwischen zwei Buchdeckeln: ehrlich, tiefgehend und ermutigend.

Klappenbroschur, 17 × 21 cm, 216 Seiten
Nr. 396.097, ISBN 978-3-7751-6097-1
Auch als E-Book

SCM
Hänssler

Florida Zimmermann, Andrea Specht

Durchbrecherin

**Mein langer Weg nach Hause - mitten durch Terror,
Selbstablehnung und Zerbruch**

Kindheit und Jugendzeit zwischen radikalisierten Muslimen und
einer fürsorglichen Pflegefamilie in Deutschland und der Schweiz –
Florida Zimmermann lebt eine Ambivalenz: außen fröhliche Christin, innerlich zerrissen. Das ist ihre ehrliche Geschichte – vom langen Weg nach Hause zu Gott und zur inneren Heilung.

Gebunden, 13,5 × 21,5 cm, 248 Seiten
Nr. 395.924, ISBN 978-3-7751-5924-1
Auch als E-Book

SCM

Hänssler